AF391416

Le Vieux Miroir

FRÉDÉRIC BATAILLE

Le Vieux Miroir

FABLES DE L'ÉCOLE & DE LA JEUNESSE

Avec une Préface de M. le Vice-Recteur GRÉARD

Ouvrage honoré d'un PRIX MONTYON par l'Académie française

Nouvelle Édition

AUGMENTÉE DE 60 FABLES NOUVELLES

Illustrée de 36 dessins par LIÉGER et d'un portrait de l'auteur

PARIS

ANCIENNE LIBRAIRIE FURNE

COMBET & CIE, ÉDITEURS

5, RUE PALATINE (VIe)

PRÉFACE DE LA Ire ÉDITION

DES

FABLES DE L'ÉCOLE ET DE LA JEUNESSE

La poésie, a dit Topffer, est faite de bon sens et de bons sentiments. Cette définition convient surtout à la poésie qui s'adresse aux enfants, et le recueil de M. Frédéric Bataille la justifie très heureusement.

Des cent vingt morceaux qui le composent, il n'en est pas un qui ne tende à mettre en lumière une vérité utile agréablement exprimée. M. Bataille est de l'école de La Mothe.

La Fontaine prend volontiers ses franchises avec la morale. Dans son « drame à cent actes divers », il se plaît à peindre le mal comme le bien, l'esprit de ruse comme l'ingénuité, l'esprit de violence et de domination comme la faiblesse opprimée et touchante, la vie, en un mot, avec tout ce qui peut en altérer la limpidité ou en troubler le cours. Moraliste de génie, il l'est tour à tour à la façon d'Ésope, son modèle, et de La Rochefoucauld ou de Pascal, dont il a la finesse aiguisée et la profondeur. Sa doctrine est celle de l'expérience. Il n'en prétend point d'autre. A chacun de tirer la leçon.

C'est toujours une leçon en forme que La Mothe se propose, une leçon introduite avec art, s'il se peut, et parée de grâce, mais une leçon aboutissant, soit à la proscription, soit à la recommandation expresse du vice ou de la vertu. A ce genre d'apologue il faut une grande sûreté de jugement, une connaissance exacte des besoins et des goûts de l'enfance, la salutaire défiance des visées trop hautes ou des réflexions qui donneraient trop à penser, point d'ironie ni d'amertume, un fonds de belle humeur et de bonté, l'art d'enfermer de petits tableaux d'un dessin sobre dans un cadre riant. Ce sont ces qualités qui recommandent les Fables de l'École et que goûteront, nous n'en doutons pas, les lecteurs pour qui elles sont écrites, comme ils ont déjà goûté tous les ouvrages qu'ils ont inspirés à leur ingénieux auteur.

GRÉARD.

PREMIÈRE PARTIE

LE VIEUX MIROIR

Fable Prologue

Dans son grenier qu'à peine éclaire
Une lucarne séculaire,
Un brocanteur avait trouvé
Un vieux miroir que l'art décore.
« On peut fort bien s'y voir encore,
Dit-il après qu'il l'eut lavé;
Voici ma belle barbe drue,
Mes yeux, mon nez, mes moindres traits,
Mes rides même et ma verrue;
De loin, je m'y reconnaîtrais.
Dans ma boutique, sur la rue,
Dès demain l'on pourra s'y voir. »
Mon livre, ainsi que ce miroir,
Voit défiler bien des visages,
Jeunes et vieux, bons et méchants,
Petits et grands, les fous, les sages,
Ceux des villes et ceux des champs,
Les dévouements, les exemples touchants,
Le laid, le beau, les vertus et les vices,
Les lâchetés avec les sacrifices
Et le mensonge avec la vérité.
Il est plein de franchise et de sincérité :

Lecteur, reconnais-y, dans mainte et mainte page,
Tes gestes, ton regard, les traits de ton image ;
Sache voir tes défauts, cherche à t'en corriger ;
Fais effort sur toi-même, afin de te changer.

LE VIEUX MIROIR

LIVRE PREMIER

I. — LA POULE INDISCRÈTE

« Cot! cot! cot! cot! Quel bel œuf j'ai pondu! »
    Ainsi chantait une jeune poulette
Sortant du poulailler. Son cri fut entendu :
La fermière prit l'œuf pour faire une omelette.

Voilà ce que rapporte une langue indiscrète.

II. — MINETTE ET RATON

A mes filles.

Minette est très jolie et Raton est très laid ;
  Mais celui-ci, modeste, doux et sage,
Est aussi bon que franc, et, malgré son visage
Et sa voix un peu rude, à tout le monde il plaît.
Notre chatte, au contraire, est bien loin d'être aimante :
Elle gronde sans cesse et contredit toujours.
Tout en faisant souvent la patte de velours,
Elle griffe et déchire, elle mord et tourmente ;
Aussi nul ne se fie à son ronron bénin :
Chacun fuit de ses dents la pointe et le venin.

N'imite pas cette bête méchante,
Et si tu veux, ma fille, être une enfant charmante,
   Rappelle-toi que la bonté
   Est préférable à la beauté.

III. — LES PÊCHES

   On avait mis dans un panier
   La récolte d'un espalier,
Des pêches au teint rose, à la peau veloutée,
Qui faisaient tout l'orgueil de l'heureux jardinier.
   Mais l'une un jour s'étant gâtée,
Le mal se propagea par la contagion...
Chacun des fruits gagna la noire flétrissure
   De la corruption,
Et le panier bientôt fut plein de pourriture.

Tels sont du vice, enfant, les effets odieux :
  Le moindre germe en est pernicieux.

IV. — LE MAUVAIS CAMARADE

En jouant à saut de mouton,
Frédéric est tombé par terre,
Et voilà qu'il saigne au menton !
Jean le relève comme un frère.
Le grand Victor, tout au contraire,
Sans pitié le raille et lui dit :
« As-tu la colique, petit ? »
Et puis il éclate de rire.
Mais tout à coup, paf ! dans la cour
Victor tombe et pleure à son tour,
Et chacun se met à lui dire :
« Victor sans doute a mal aux dents :
Mais ça guérit avec le temps. »

Vous qui riez des maux des autres,
Que direz-vous quand ils riront des vôtres ?

V. — LA RONCE

A François Coppée.

Accrochant les passants au détour d'un sentier,
Une-ronce disait : « Voyez ma fleur éclose :
    Je suis cousine du rosier !
— Ta fleur a-t-elle aussi le parfum de la rose,
Sa grâce souriante et sa fraîche beauté ?
Répondit une dame insensible à ses mines.
— Non, je l'avoue. — Eh bien ! malgré ta parenté,
    Crois-moi, personne, en vérité,
Ne te pardonnera tes méchantes épines. »

VI. — LE PAPILLON ET LA TULIPE

Sur la tulipe un papillon se pose.
« D'où te vient, lui dit-il, la fraîche et douce odeur
Qui s'exhale aujourd'hui de ta charmante fleur? »
La tulipe répond : « C'est que je suis éclose
        A côté d'une rose. »

Pour acquérir politesse et bonté.
Fréquentons les meilleurs de la société.

VII. — LA POUPÉE

« C'est ma poupée, et je la veux! »
Disait la petite Julienne.
Jeanne criait : « Non, c'est la mienne! »
Alors, debout, tirant, l'une par les cheveux
Et l'autre par les pieds, la fragile poupée,
A la prendre pour soi chacune est occupée.
Tout à coup, crac! le joujou s'est brisé,
Et voilà les deux sœurs tombant à la renverse!
Il leur reste... la honte, avec le corps blessé.

Ainsi d'un fol espoir l'égoïste se berce;
Le bien d'autrui lui semble sien :
Mais quand il veut tout prendre, il ne lui reste rien.

VIII. — LE GOUJON ET L'AMORCE

Un homme ayant jeté sa ligne à la rivière,
Aussitôt les poissons s'en vont en fourmilière
        Rôder autour du fer
        Qui tient le ver.
Chacun s'approche, flaire et mordille à l'amorce.
Un goujon plus hardi veut la prendre de force

Et la happe d'un coup.... Le bouchon a plongé,
   Mettant notre pêcheur en joie,
Qui relève sa ligne et fait sauter sa proie.
Et le goujon surpris, avant d'être mangé,
Répète aux ignorants désireux de s'instruire :

   « *Tant et si bien mord le poisson*
        A l'hameçon,
   Qu'il tombe dans la poêle à frire. »

IX. — LE SINGE ET LE MARRON D'INDE

A ma filleule Marthe Besson.

Un singe arrivé du Gabon
Trouve un marron d'Inde par terre,
Luisant sur le vert du gazon.
« Beau fruit, dit-il, doit être bon :

C'est une noix alimentaire. »
Il le ramasse et mord dedans
          A pleines dents.
Quelle grimace! Horreur! l'amande en est amère!
Il le jette bien loin et, d'un air mécontent,
          Il s'en va tout haut marmottant :

« Le dehors a trompé vraiment mon espérance :
Je ne jugerai plus jamais sur l'apparence. »

X. — LA CORNEILLE ET LE PAYSAN

A mon ami Charles Gros.

Sur un noyer, une vieille corneille
          Épluchait et mangeait des noix.
Au pied de l'arbre, un paysan matois
          Accourt avec une corbeille,
En lui disant de sa plus claire voix :
« Si ton bec, ma commère, est fort comme on l'assure,
Jette ces noix en bas : je les ramasserai
Dans ce petit panier, et je t'en garderai
Pour toute ta famille une bonne mesure.
— Mon bec est fatigué, répond l'oiseau railleur,
Et mon repas ici me paraît bien meilleur. »

La corneille savait que toute flatterie
Pour celui qui l'écoute est une duperie.

XI. — LE POMMIER SAUVAGE

Avec son père, un jour, se promenant au bois,
Loin des jardins, des champs et des prés du village,
Un enfant vit un arbre au verdoyant feuillage,
Couvert de fruits vermeils comme pommes de rois.

« C'est au verger, dit-il, que cet arbre doit être ;
Que fait-il donc ici, près du chêne et du hêtre ? »
Sans répondre, le père, abaissant un rameau,
Cueille un fruit et le donne à l'enfant qui s'empresse
D'y mordre à belles dents : ce fruit était si beau !
Mais à peine vient-il d'en entamer la peau,
Qu'il fait une grimace et des cris de détresse.
Il le jette aussitôt, et son père lui dit :
« *Tu vois, mon fils, qu'il faut juger l'arbre à son fruit.* »

XII. — LA PIE ET LE RAMIER

A mon ami Joséphin Soulary.

« Pourquoi donc, disait une pie
A son voisin, le doux ramier,
Qui roucoulait sur un pommier,
Pourquoi, même en ma sœur, n'ai-je pas une amie?
Chacun me hait, chacun me fuit ;
La malédiction en tous lieux me poursuit.
Tandis que le passant t'adresse sa louange,
Il me jette des quolibets
Et des mots de mépris ramassés dans la fange.
— C'est que je ne médis jamais,
Lui répond l'honnête colombe ;
J'ai pitié du malheur et je plains ce qui tombe ;
Ma vie est dans l'amour, mon bonheur dans la paix,
Et l'on ne dit jamais de moi : « Quelle commère !
C'est une langue de vipère. »

Qui veut qu'on parle bien de lui,
Ne dit jamais de mal d'autrui.

XIII. — LE VASE NEUF

Aux flancs du vase neuf fait de terre fragile,
J'ai versé lentement le chypre parfumé,
Qui scintille au soleil comme un or enaflmmé;
Plus tard on a rempli la délicate argile
D'une liqueur dont mon palais s'est soulevé :
Mais les parois du vase ont toujours conservé
Du premier vin reçu la senteur embaumée.

O vous, maîtres, parents, dans l'âme bien aimée
De ce vase divin qu'on appelle l'enfant,
Versez l'arôme pur et le vin réchauffant
De l'idéal, de la beauté, de la lumière!
Rien n'en effacera l'impression première.

———

XIV. — PROMETTRE ET TENIR

A mon ami Simon Gillotin.

Lise tend à son chat un morceau de galette
Et lui dit doucement : « Allons, viens près de moi!
Ceci, c'est du nanan; approche donc, Minette!
Tiens, ma chérie, attrape! attrape! c'est pour toi. »
    Le chat joyeux accourt, flaire et se dresse
        Vers ce friand morceau.
Or l'enfant, pour jouer, le trompe avec adresse,
Abaissant la galette à deux doigts du museau,
    La tenant toujours à distance,
Et puis la retirant quand il croit la saisir.
Mais le chat agacé, qu'excite le désir,
    Sur elle, furieux, s'élance,
La griffe jusqu'au sang et lui prend la pitance.

Voilà des cris, voilà des pleurs
Et des douleurs !
Sa mère vite accourt, la gronde et la console,
Mêlant à son reproche une tendre parole,
Et lui dit ces mots pour finir :

« Quand on promet, il faut tenir. »

XV. — L'ENFANT ET LA CHATTE

A Madame Théophile Franchy.

A quelques pas de la maison,
Jean s'amuse sur le gazon
Avec la gentille Minette :
Entre les pattes il lui jette
Au bout d'un fil une coque de noix
Qu'il fait aller, venir, ainsi qu'une navette.

La chatte la saisit, la roule sous ses doigts,
    La quitte et la reprend vingt fois.
    Nos deux amis sont à la fête !
    Puis l'enfant, de sa douce voix,
    Invite la chatte et l'appelle,
    En lui disant : « Viens donc, ma belle ! »
    Minette accourt, faisant ronron,
    Sur ses genoux se met en rond,
    Et s'endort, tendrement bercée
            Et caressée.
A la fin Jean s'ennuie et, pour se divertir,
Le méchant tout à coup lui tire la moustache.
La pauvrette en criant se réveille, se fâche,
Le griffe aux mains et sous un toit va se blottir.
Depuis lors, il eut beau soupirer : « Viens, Minette ! »
        Rien qu'à le voir, à le sentir,
Elle prenait d'un bond la poudre d'escampette.

Et c'est ainsi que la méchanceté
Détruit en un instant l'effet de la bonté.

XVI. — LE PETIT POULET

A petite Marguerite Rougnon.

Le petit poulet qui fait *piou ! piou ! piou !*
Se promène seul près de la rivière.
Il va sur le bord en tendant le cou,
Pour voir l'eau qui glisse et chante glou glou.
Oh ! les jolis flots dorés de lumière !

Il voit barboter un petit canard
Qui fait des plongeons et des jeux très drôles.
Il serait heureux d'y prendre aussi part,
Mais sa maman crie ! Aussitôt il part,
Quittant à regret l'ombre des vieux saules.

Et la poule dit à ce fils choyé :
« Mon poulet mignon, quelle peine amère
Tu m'as faite au cœur ! Je t'ai cru noyé !
Vois, j'en tremble encor. N'es-tu pas mouillé? »

L'enfant imprudent fait pleurer sa mère.

XVII. — LA PILULE

Le petit Paul est très friand :
Nougats, biscuits, bonbons, tout l'attire et le tente;
Les nonnettes lui font un visage riant,
Et le baba lui donne une mine contente.
Sa mère, un jour, voulant lui faire la leçon,
   A posé sur la table une boîte fermée,
En lui disant : « N'y touche pas! c'est du poison. »
Mais, la maman partie, il a la main charmée;
D'un léger tour de doigt il l'ouvre prestement :
   « Oh! dit-il, les belles dragées! »
   Et, sans hésiter un moment,
   Il en prend une seulement,
Pour qu'on ne puisse voir qu'il les a dérangées;
Puis, d'un geste sournois, il avale d'un coup
   Ce bonbon qui n'a pas de goût,
   Et, tranquille, l'air angélique,
Il referme sans bruit la boîte de carton.
   Mais bientôt le petit glouton
Se tord dans la douleur : il avait la colique!
Jeannot, mis dans son lit, fût ce jour-là purgé
   Et... corrigé.

Il peut arriver pis aux friands incrédules
Que de voir des bonbons se changer en pilules.

XVIII. — L'ENFANT SUR UNE CHAISE

A mon ami Charles Dubois.

Petit Pierre souvent montait sur une chaise
Et s'y tenait debout, gesticulant à l'aise.
    Pour empêcher ses dangereux ébats,
Sa mère lui disait : « Descends, ne tombe pas!
    On ne saurait avoir trop de prudence. »
Mais il n'entendait rien et remontait toujours.
Un matin, sur sa chaise il faisait un discours,
    Et répétait sur un ton de sentence :
        « On ne peut être trop prudent! »
        Quand tout à coup, en descendant,
            Tout fier d'un si beau zèle,
Il perd son équilibre, il trébuche, il chancelle,
Tombe sur le plancher et se casse une dent.

Prêcher, sans doute, est bien; agir, c'est mieux encore.
        Il ne suffit pas de savoir
            Son devoir :
Le bien remplir, voilà ce qui seul nous honore.

XIX. — L'OIGNON DE TULIPE

A mon ami F. Tuetey.

Au fond d'un pot rempli de terre,
Madeleine a mis un oignon;
Puis, épiant le grand mystère
Qui fera sortir, solitaire,
Une fleur du berceau mignon
Où le germe vivant repose,
Elle attend la métamorphose.
Mais rien ne pousse : quel guignon!
Notre fillette malheureuse

Se fâche, prend le pot, le creuse,
Arrache l'oignon de la main
Et le jette sur le chemin.
Jeanne, qui dans ce moment passe,
Le voit, se baisse, le ramasse,
Le plante dans un gras terreau,
Au soleil, devant un carreau,
Le soigne et de son mieux l'arrose.
Bientôt, comme dans un jardin,
Elle aperçoit un beau matin,
Montant au jour, la pointe rose
Et délicate d'un bouton
Qui peu à peu change de ton,
Et, sous la lumière dorée,
Devient la belle fleur pourprée
D'une tulipe. Quel bonheur !
Elle la montre à Madeleine
Qui l'admire et, de regrets pleine,
Soupire et dit : « Ma chère amie, à toi l'honneur !
Merci de la leçon de ton expérience ;
Je vois bien à présent ce qu'est la patience :
Il faut que le temps aide à la douce chaleur,
Pour que le bouton pousse et se transforme en fleur. »

XX. — LE CHAT DE SALON ET LE CHAT DE GOUTTIÈRE

A Monsieur le Vice-Recteur Gréard.

Un minet de salon, gâté par sa maîtresse,
    Coulait son temps dans la paresse,
    Se pourléchant, clignant de l'œil
    Et ronronnant sur un fauteuil,
    Dans l'attente d'une caresse.

Après chaque repas il était dorloté ;
Manger, boire et dormir, c'était toute sa vie.
A la longue pourtant, le paresseux s'ennuie,
    Et, las de son oisiveté,
Il rejoint sur le toit le chat de la fermière,
Un confrère charmant, un vrai chat de gouttière,
A la mine éveillée, au regard pétillant.
    « Bonjour, voisin, lui dit-il en bâillant ;
    J'ai l'humeur noire et tu me vois débile :
    Enseigne-moi le remède à mon mal.
— Volontiers, répond l'autre à ce triste animal ;
Ami, fais comme moi, le remède est facile :
    Pour recouvrer sûrement ta gaîté,
    Viens sur mes pas chasser en liberté. »
Le conseil fut suivi, non sans un peu de peine.
Adieu, salon de luxe ! adieu, coussins moelleux !
On n'a plus cette fois le temps d'être frileux :
Il faut courir les champs, les prés, le bois, la plaine,
Examiner la cave, explorer le cellier,
Visiter le hangar, la grange et le grenier.
Le gibier savoureux dont le chat fait sa proie
Lui ramène bientôt la force avec la joie,
Et, bénissant alors le jour qu'il s'est enfui,
Il dit : « *C'est le travail qui sauve de l'ennui.* »

LIVRE DEUXIÈME

I. — LE SINGE ET L'OURS

Un singe, acrobate hardi,
Dansait sur une corde au milieu de la place;
A chacun de ses tours il était applaudi.
Un ours, juste à ce moment, passe
Et dit : « Je sais aussi danser.
C'est un facile jeu que de se balancer

Sur cette corde ainsi tendue. »
Et le voilà debout, qui grimpe à l'un des mâts,
Atteint le câble, essaie en tremblant quelques pas,
Chancelle enfin, tombe et se tue.
Le désir de paraître avait causé sa mort.

Il faut à son talent mesurer son effort.

II. — LA SOUPE A L'OIGNON

A mon ami Charles Charvéron.

La soupe à l'oignon fume en l'assiette de Pierre.
On lui dit : « Mange-la pour grandir, mon mignon :
Pas de soldat sans sa soupière! »
L'enfant répond avec des pleurs à la paupière :
« Je veux devenir grand, mais sans manger d'oignon. »

Or, voilà bien ce que nous sommes :
Nous voudrions grandir et devenir des hommes
Sans peine et sans efforts.
Il faut se vaincre, amis, pour être vraiment forts.

III. — LE COUTEAU DE PIERROT

A Auguste Lunois.

Dans son jardin Pierrot trouve un couteau;
Il l'ouvre vite et bientôt le referme :
La lame est ébréchée et le manche peu ferme.
« C'est là vraiment, dit-il, un bien pauvre cadeau;
Il faudra réparer le manche avec la lame.
— Mieux vaut en acheter un neuf! » lui dit sa femme.

Un mauvais serviteur ne se peut corriger :
On gagne tout à le changer.

IV. — LE CHIEN GOURMAND

Médor était gourmand, paresseux et fripon :
Ce sont là trois défauts qui ne forment qu'un vice.
Un jour, voyant la porte ouverte de l'office,
En hâte il y saisit le reste d'un jambon
    Dont l'os lui paraît encor bon.
      Dans sa gloutonnerie,
Il veut d'un seul effort l'avaler tout entier;
Mais cet os, mal tourné, lui demeure au gosier,
    L'étrangle et lui ravit la vie.

Un vieux proverbe dit que toujours les gourmands
    Creusent leur fosse avec leurs dents.

V. — LE MOUCHERON ET LE PAPILLON

A mon ami Frédéric Camus.

« Oh! l'imprudent! il va brûler son aile! »
    S'écrie un jeune moucheron
    En regardant un papillon
    Voler autour de la chandelle.
      Mais tandis qu'à ce jeu
      Le papillon tournoie
    Et se jette au milieu du feu,
Dans un vase de lait notre mouche se noie.

Tel qui voit un danger menaçant pour autrui,
N'aperçoit pas le gouffre entr'ouvert devant lui.

VI. — LE COURSIER ET LE CHEVAL DU FERMIER

A mon ami Henri Ragot.

Un superbe et fringant coursier
Piaffant et s'ébrouant au milieu de la rue,
Rencontre le cheval d'un modeste fermier.
« Eh! va donc, lui dit-il, transporter ton fumier
        Et traîner aux champs ta charrue! »
L'autre lui répondit : « Quitte ce ton hautain ;
Si tu n'avais pas pris l'avoine ce matin,
Tu hennirais moins fort, beau cheval de carrosse.
Sans mon travail qui vient remplir ton picotin,
        Toi, tu ne serais qu'une rosse. »

Le riche qui méprise un honnête ouvrier
        Ressemble fort à ce coursier.

VII. — LA SOTTISE

Au peintre F. Bassot.

Un canard, le matin, a dit cette sottise :
« Les poules voudraient bien savoir aussi nager. »
A midi, vingt oisons cancanent au berger :
« Les poules vont sur l'eau d'une façon exquise. »
        Et, sur le soir, chaque dindon
        Trompette aux échos du canton
        Que les poules de la fermière
        Font des plongeons dans la rivière.

C'est ainsi que l'erreur, en faisant son chemin,
Passe pour vérité du jour au lendemain.

VIII. — L'ANESSE ET SON FILS

« Dans ce bourbier infect, pourquoi donc te crotter? »
      Disait à son fils une ânesse.
Celui-ci répondit : « Pardon, si je vous blesse :
      Je ne fais que vous imiter. »

C'est aux parents que ma fable s'adresse :
Pour apprendre aux enfants la vertu sans détours,
Le bon exemple en tout vaut mieux que les discours.

IX. — LES DEUX RENARDS ET LE COQ

      Un renard sort du poulailler
En emportant par l'aile un des coqs du fermier.
      Aux cris aigus de la volaille
            Qui piaille,
      Vite accourt un autre renard
      Qui dit : « J'en veux aussi ma part :

Comme toi, cher cousin, j'aime les friandises. »
Et voilà sur-le-champ nos deux coquins aux prises.
Le second, lestement, saute au cou du premier,
Qui laisse s'échapper le coq sur un pommier.
« Kikeriki! voleurs, je ne vous crains plus guère! »
Crie alors le poulet en les voyant lutter.

Les coqs en paix peuvent chanter
Quand les renards se font la guerre.

X. — LA CHÈVRE ET LE LOUP

Une chèvre à l'étable était en sûreté,
Quand par une étroite ouverture
Elle aperçut un loup qui cherchait sa pâture,
Et lui cria tout haut sur un ton irrité :
« Brigand! assassin! misérable!
Puissent périr tous ceux de ta race exécrable!
— Calme-toi! lui répond le loup :
Sans le double verrou
Dont le berger ferme ta porte,
Tu n'aurais pas la voix si forte. »

XI. — LE PINSON ET LA MOUCHE

Dans la cage dorée
Où chantait un pinson,
Certaine mouche était entrée
Pour se régaler de bonbon.
« Si ravissante est ta chanson
Et si douce est ta voix, dit-elle,
Que j'ai volé vers toi pour te mieux écouter.
— Tu viens tout juste à point compléter mon dîner, »
Répond l'oiseau battant de l'aile :

« Sans toi je manquais de dessert. »
Et, gobant notre bestiole,
Il ajoute cette parole :
  « *Trop de ruse parfois nous perd.* »

XII. — LE BOSSU ET LE BOITEUX

A mon ami Armand Bloch.

Un bossu raillait un boiteux :
« En marche, disait-il, en marche pour la danse!
Tes jambes en cerceau marqueront la cadence. »
Le boiteux répondit à cette impertinence :
    « D'accord, allons-y tous les deux :
Ta bosse guidera mes pas trop hasardeux. »

Soyez donc indulgents pour les défauts des autres,
  Si vous voulez qu'on le soit pour les vôtres.

XIII. — CHARLOT ET MINET

A petite Marie Savine.

Charlot, un mignon blondinet,
Avait pour camarade un superbe minet.
L'enfant aimait du chat les gentilles manières,
Les grands yeux verts mi-clos à l'ombre des paupières,
Les souples mouvements, les gestes gracieux,
    La robe au poil fin et soyeux,
    Et la moustache à raideur grave
    Qui lui donnait un bel air brave.
Quelle aisance moelleuse en ses jolis contours!
Ses pattes même avaient des dessous de velours.

Mais l'enfant naïf et peu sage
Ignorait encore l'usage
Des ongles fins sortant parfois de leur fourreau.
« Doigts polis pour le jeu, non griffes de bourreau, »
Pensait le petit homme en sa simple ignorance,
Jugeant d'abord sur l'apparence.
Comment douter des airs si doux
D'un chat qui volontiers dormait sur ses genoux?
Aussi que de bonnes caresses,
Et de baisers, et de tendresses!
L'enfant donc chérissait le charmant séducteur,
Au long regard si tendre, à l'accueil si flatteur,
Et gaîment avec lui partageait son assiette.
Un jour qu'ils faisaient la dînette,
On apporte aux amis heureux
Une perdrix farcie
Dont le chat apprécie
Le fumet fin et savoureux.
Voilà Minet debout, léchant la côtelette.
« Patience! » dit l'autre avec emportement :
Et sur le museau rose un grand coup de fourchette
Vient fermer la bouche au gourmand,
Qui d'une griffe agile a saisi la volaille,
Et, jusqu'au sang, de l'autre, égratigne la main
De l'imprudent petit bambin.
Depuis lors, quand son chat de lui s'approche et bâille,
L'enfant se dit : « A quoi servent les ongles nus?
— A déchirer les ingénus! »

XIV. — LE BICYCLE ET LE CHEVAL

A mon ami Eugène Perdrizet.

« Voyez, je cours comme le vent
Et je suis toujours en avant;
Sans bruit je dévore l'espace :
Tous les coursiers, je les dépasse! »
Disait un bicycle monté
Par un coureur plein de santé,
Qui tout à coup stoppe et s'arrête.
Un cheval qui s'approche a sa réponse prête :
« Sans doute, lui dit-il, tu voles comme un trait,
Mais à condition qu'un vigoureux jarret
Fasse tourner ta roue en poussant ta pédale.
Sois donc modeste, ami, près des simples coursiers
Qui galopent du moins avec leurs propres pieds. »

Combien de gens dont l'orgueil fait scandale,
Combien d'insolents parvenus
Ne sont que de belles machines,
Faciles et souples d'échines,
Que pousse un pied robuste en des chemins connus!

XV. — LES ÉCUREUILS, LA NOIX ET LE CORBEAU

A mon ami Albert Duvaut.

Deux frères écureuils, se promenant au bois,
Au milieu du chemin trouvèrent une noix.
L'un dit : « Elle est à moi : du pied je l'ai poussée. »
L'autre dit : « Je la veux : ma main l'a ramassée. »
Chacun d'eux s'entêtant, aucun n'entend raison,
Et la querelle encor s'avive à la maison.
Pour arranger l'affaire, on choisit un arbitre
Capable d'éclairer nos gens sur ce chapitre :

On alla soumettre le cas
Au bon doyen des avocats,
Un vieux corbeau très digne et réputé très sage.
Après avoir longtemps, ainsi que c'est l'usage,
Interrogé, pesé, comparé, discuté,
Invoqué gravement sa parfaite équité,
L'arbitre ouvre la noix, en enlève l'amande,
Et, donnant une coque à chacun des plaignants,
Il dit : « Mes chers amis, juste est votre demande,
Et vous êtes tous deux gagnants.
Votre droit est égal, mais la noix n'est plus pleine,
Car j'ai gardé l'amande pour ma peine. »

XVI. — LE MARAIS ET LE RUISSEAU

A mon ami Émile Mazimann.

« Ah! quelle odeur nauséabonde
S'exhale de ce noir marais,
Tandis que le ruisseau des prés
Garde la fraîcheur de son onde
Et porte sur ses bords l'air pur de la santé! »
Ainsi, se promenant par un beau jour d'été,
A son maître parlait un écolier candide.
Le maître répondit : « Si la mare est fétide,
C'est qu'elle est sans écoulement;
Aucun courant ne la remue.
La source veut le mouvement :
Eau qui croupit, eau corrompue.

*De même, cher enfant, c'est notre activité
Qui fait notre vertu dans le cours de la vie;
Par le travail fécond le cœur se purifie,
Mais le vice mortel naît de l'oisiveté. »*

XVII. — L'ÉTOURNEAU

A mon ami le Dr Vacherie.

Un étourneau, grand donneur de conseils,
De ses avis jamais avare,
(L'espèce, on le sait, n'est pas rare,
Et cet oiseau chez nous compte bien des pareils),
Allait, venait, de ci, de là, partout, sans cesse,
Prévenant les vieillards, exhortant la jeunesse,
Inspirant ses voisins, sermonnant ses amis,
Voulant diriger tout le monde.
Dans la prairie, un jour, rencontrant des brebis :
« Fuyez! leur cria-t-il, l'orage déjà gronde. »
Puis il va, plein de zèle, en conseiller autant
Au berger qui dormait en paix sous le feuillage.
Celui-ci se réveille et s'empresse à l'instant
De vite ramener ses bêtes au village.
Enfin notre étourneau s'envole encor plus loin
Avertir des faneurs occupés à leur foin.

Tout à coup la tempête
Éclate, fond sur lui,
Le jette sur le sol et lui brise la tête.
Le pauvret pousse un cri
Et meurt en soupirant comme un conseil suprême :

« Avant de conseiller autrui,
Conseille-toi d'abord toi-même! »

XVIII. — LE MAUVAIS BERGER

A Michel Bréal.

Les moutons sont au pâturage.
« Veille avec soin sur eux, dit au chien le berger,
Et si le loup venait ici pour les manger,
Préviens-moi : je vais faire un somme sous l'ombrage. »
Le chien, nonchalant à l'ouvrage,
Dit à l'un des béliers : « Garde bien ces moutons,
Et si le loup venait rôder dans nos cantons,
Accours m'avertir au plus vite. »
Le bélier, qu'au jeu l'on invite,
Dit à dame la pie au sommet d'un ormeau :
« Ne quitte pas des yeux les bêtes du troupeau,
Et si le loup venait en ami, comme un hôte,
Te demander asile, appelle-moi sans faute. »
Que fit Margot? Elle parla,
Sautant par ci, volant par là,
Sans voir le méchant loup qui dans la bergerie
Fit une affreuse boucherie.

Malheur à la maison où chacun sur autrui
Se décharge des soins qui reposent sur lui!

XIX. — LE LAPIN ET L'ÉCUREUIL

A mon vénéré ami Eugène Manuel.

Jeannot Lapin, un soir, rencontre sur le seuil
  De son terrier un écureuil.
« Ah! lui dit-il, tremblant, quelle peur tu m'as faite!
  Que viens-tu faire ici si tard?
  Ne crains-tu pas ce coquin de renard?
— Non, répond l'écureuil : aujourd'hui, c'est ma fête,
Car je viens de le voir partir dans les hameaux;
Il passera la nuit, vers la ferme prochaine,
A guetter jusqu'au jour d'innocents animaux.
Nous pouvons donc en paix danser sous le vieux chêne,
Au clair de lune, avec les loirs et les mulots,
A côté des moutons endormis dans leur clos.
Courons, sautons! Absent le chat, les souris dansent!
— Dans ce cas-là, j'en suis aussi! » dit le lapin;
  Et les amis joyeux s'élancent
A travers la clairière, au large du chemin.
Les quadrilles, les jeux, les ris et le festin,
Ce fut toute la nuit une fête superbe.
Sur la mousse discrète, en la fraîcheur de l'herbe,
  On s'amusa jusqu'au matin.

Sans les méchants, parmi la joie et l'abondance,
Après le bon travail qui nous donne du pain,
Combien seraient heureux les jours de l'existence!

———

XX. — LES SABOTS DE NOEL

A Madame Auguste Gervais.

Le petit Pierre est très gourmand :
Il croit dîner même en dormant.
Voici Noël, nuit fortunée!
Dans l'âtre de la cheminée,

La veille il met ses deux sabots,
Puis il s'endort et fait les rêves les plus beaux.
Il voit des fruits dorés tomber des mains d'un ange
Dans les siennes, pour qu'il en mange ;
Un petit Savoyard, puisant dans ses chaudrons,
L'appelle en lui tendant des cornets de marrons ;
Le cœur lui bat de joie... Au matin, il s'éveille,
Tandis que sa maman sur sa bouche vermeille
Vient poser
Un baiser.
« Noël est-il venu? dit l'enfant à sa mère ;
Mes sabots sont remplis de bonbons, je l'espère?
— Nous allons les chercher », répond en souriant
La maman qui l'embrasse et le porte en chemise
Devant la cheminée où sa chaussure est mise.
Petit Pierre ravi s'approche, l'œil brillant,
Et saisit un sachet qui d'un sabot émerge.
Quel bonheur ! il est plein de gros marrons glacés!
Mais vers l'autre sabot, quand ses doigts empressés
S'avancent, que voit-il? Devinez.... Une verge!
Alors, cassant ce bois avec des gestes prompts :
« Ça servira, dit-il, à cuire mes marrons. »

LIVRE TROISIÈME

I. — LE LOUP ET LA CHEVRETTE

A ma petite filleule Germaine Camus.

Un loup, voyant une chevrette
          En vedette
Tout à la pointe d'un rocher,
Lui cria : « Descends donc de là-haut, ma biquette ;
          Tu cours un vrai danger,

Et le moindre faux pas peut te coûter la vie. »
La chèvre répondit : « Trève de courtoisie !
Je vois d'ici tes crocs qui me tordraient le cou,
Si je me laissais prendre à tant de perfidie.
Va plus loin, vieux glouton, contenter ton envie ! »

Croire les méchants, c'est agir en fou :
Il ne faut jamais écouter le loup.

II. — LE DESSERT

« Paul, veux-tu du dessert ? Approche ton assiette.
      — Oui, maman, un tout petit peu. »
On lui donne du flan.... la grosseur d'une miette.
L'enfant sourit d'abord, croyant que c'est un jeu ;
Mais il attend en vain le morceau qu'il espère.
« Mange ta part, mignon ! » lui dit enfin sa mère,
Paul alors, chagriné de ne rien recevoir :
« Maman n'a pas compris, n'est-ce pas, petit père ?
Quand je demande peu, c'est pour beaucoup avoir. »

Plus d'un de nous ressemble à cet enfant timide,
Dont l'appétit discret brille en son œil limpide ;
Et tel solliciteur qui ne voulait qu'un œuf,
S'étonne grandement s'il n'obtient pas un bœuf.

III. — LE SAPAJOU ET LE MIROIR

Un sapajou, se croyant des plus beaux,
    Vit sa figure un jour dans une glace
    Qui lui montra sa hideuse grimace.
« Je suis mieux fait que ça, dit-il : ce verre est faux ! »

Et, prenant le miroir, il le jette par terre
Et le brise en mille morceaux.

Rien ne peut corriger la vanité des sots,
Et je plains le censeur austère
Qui leur fait voir tous leurs défauts.

IV. — LE HANNETON ET LE BOURDON

Un hanneton
Rencontrant un bourdon
Qui faisait comme lui le plus bruyant tapage,
Sans cesse assourdissant les gens du voisinage,
S'écria : « Quel plaisir de l'entendre voler !
Presque aussi bien que moi ce bourdon sait ronfler. »

Ainsi nous louons chez les autres
Tous les défauts qui sont les nôtres.

V. — LE PERROQUET

Un perroquet insultait les passants
Et leur jetait les mots les plus blessants.
Quelqu'un lui dit : « Tais-toi, maudite bête,
Ou je vais te tordre le cou !
— Pourquoi te fâcher sur le coup ?
Je ne suis pas si malhonnête,
Lui répondit l'oiseau : je répète en mes cris
Ce que les hommes m'ont appris. »

VI. — L'ORVET ET LE GRILLON

L'orvet disait un jour à l'aimable grillon,
  Qui chantait au creux d'un sillon :
  « Que d'injustices sur la terre !
  Je suis innocent comme toi,
Et l'homme cependant me fait toujours la guerre. »
Le grillon répondit : « Veux-tu savoir pourquoi?
  Tu ressembles à la vipère. »

On déteste partout la race des méchants;
  Craignez de prendre leur allure
  Et même leur simple figure :
Sur la mine parfois l'on juge bien des gens.

VII. — LES CHARDONNERETS, LES MÉSANGES ET LE CORBEAU

  « Le merle est le roi des chanteurs, »
  Disaient avec mille louanges
  Les chardonnerets aux mésanges.
  « Merci de vos propos flatteurs ! »
  Leur cria, de sa voix qui tranche,
  Le corbeau du haut d'une branche;
  « Cet éloge est bien mérité :
  Ne suis-je pas, en vérité,
  Un merle de plus forte taille? »
  Quelqu'un lui dit d'un ton qui raille :
  « Tu te trompes, maître corbeau !
  La plume ne fait pas l'oiseau. »

VIII. — L'AUTRUCHE POURSUIVIE
PAR UN CHASSEUR

Une autruche était poursuivie
Par un chasseur qui, malgré ses ébats,
A l'attraper ne réussissait pas.
Hélas ! l'oiseau, qui tremble pour sa vie,
Croit la sauver quand il la sacrifie :
Au plus proche buisson il s'arrête, anxieux,
Et s'y cache la tête en fermant bien les yeux.
Vous devinez sans peine
Si le chasseur joyeux laisse échapper l'aubaine.

La peur conseille mal la raison et le cœur.
Lorsque le danger nous menace,
Il faut le regarder en face;
Ne pas le voir, fermer enfin les yeux de peur,
Est-ce là le moyen d'éviter le malheur ?

IX. — LES HIRONDELLES, LES MOINEAUX ET LE MARTINET

Par un beau jour de mai, deux hirondelles,
Joyeuses et fidèles,
Revenaient au doux nid, à l'automne quitté.
Mais, ô douleur! que virent-elles?
Un couple de moineaux s'y tenait abrité.
En vain pour les chasser elles battaient des ailes :
« Ce logis est à nous, leur dirent ces voleurs;
Allez vous établir ailleurs. »
Elles durent quérir au clocher du village
Un bon vieux martinet, arbitre de ces lieux.
« Le cas de ces moineaux est un vol odieux :
La maison, jugea-t-il, *est à qui l'a bâtie,*
Car le travail fait la propriété. »
Et, montrant aux larrons la porte de sortie,
Il les fit déguerpir sur les toits d'à côté.

X. — LE SINGE QUI FAIT DE LA PEINTURE

Bertrand, un singe artiste, avait peint un tableau.
L'âne, le contemplant, s'écria : « Qu'il est beau!
A tous les yeux comme il doit plaire!
C'est un chef-d'œuvre sans défaut,
Et je le proclame bien haut. »
Le cheval exprima cet avis tout contraire :
« C'est une croûte horrible, et je le dis sans braire. »
Bertrand avait du sens et du goût; il comprit,
Et, déchirant sa toile, il dit : « C'est à refaire! »

Aux éloges des sots le vrai talent préfère
La critique des gens d'esprit.

XI. — LE PAPILLON ET L'ABEILLE

A mon ami Charles Girod.

« Viens jouer avec moi au bord de la rivière, »
Disait un papillon à l'active ouvrière
Qui butine dès l'aube au sein des prés chantants.
L'abeille répondit : « Non, je n'ai pas le temps.
Vois, c'est la saison douce et les fleurs sont écloses ;
Tout s'anime au soleil, les oiseaux et les roses.
Travailler, c'est la loi, comme aussi le bonheur :
La paresse est la honte et le travail l'honneur.
Tandis que tu poursuis d'une aile langoureuse,
Esclave du plaisir, ta course aventureuse,
Moi je songe au devoir, et je bénis le ciel
Qui me donne un beau jour pour voler à mon miel. »

XII. — LE POMMIER ET LE POIRIER

A mon ami Georges Ebersoldt.

Avec ses pommes d'or aux reflets de carmin,
Un pommier s'étonnait, sur le bord du chemin,
D'en voir souvent plus d'une à sa branche ravie,
Et de servir de cible aux passants pleins d'envie.
Un vieux poirier, jadis la gloire du verger,
Lui dit : « Console-toi des douleurs de ta vie ;
Méprisant les méchants qui viennent t'outrager,
          Poursuis ta féconde carrière
          Sans regret, sans haine et sans bruit.

     On ne jette jamais de pierre
     Aux arbres qui n'ont pas de fruit. »

XIII. — LA SOURIS ET SES PETITS

« Restez à la maison, chéris ! »
Disait une mère souris
A ses enfants jeunes encore :
« Car le chat déchire et dévore
L'imprudent qui sort de son nid. »
Mais un des souriceaux se dit :
« Je veux voir cette bête étrange :
Maman va bien courir les champs,
Sans peur ni crainte des méchants.
Puis j'ai faim, il faut que je mange. »
Et le voilà hors de son trou,
Trottinant à travers la grange.
Il tombe aux griffes du matou
Qui de loin flairait la nichée.
Le chat n'en fit qu'une bouchée.

Votre mère est pour vous le guide le meilleur :
Écoutez les conseils de son expérience.
Enfants, la désobéissance
Cause toujours votre malheur.

XIV. — LA SOURIS, LE MULOT ET LE CHAT

A Marius Dillard.

Une souris, un jour,
Rencontrant dans sa cour
Un mulot égaré qui cherchait la sortie,
Lui dit en l'invitant : « Viens avec moi, cousin ;
Nous dînerons ensemble au fond du magasin.
Je te promets, mon cher, une bonne partie :
Du lard, du grain, des fruits, rien ne manque au festin ;
On peut faire bombance ici jusqu'au matin.

N'as-tu pas faim? C'est l'heure, allons nous mettre à table.
— J'ai peur du chat! » répond le mulot en tremblant.
« Ah! bah! dit l'autre, un chat n'est pas si redoutable;
Puis, voici mes deux trous... » Malheur! tout en parlant,
   Ahi! Hi! hi! la pauvre bête
Est prise par Minet qui se voit à la fête.
   Laissant là le régal promis,
L'hôte des champs s'échappe et loin du chat répète :
 « *Qui veut manger en paix doit fuir ses ennemis.* »

XV. — LE DOGUE ET LE ROQUET

A mon ami Charles Weisser.

Un dogue dans sa niche
Sommeillait à demi.
Un roquet, son ami,
Que la nature chiche

Avait créé cagneux,
Laid, malingre et débile,
Allait, courait, fébrile,
Méfiant et hargneux,
De la grange au verger, du hangar à l'étable,
Aboyant sans raison et jappant à tout vent.
Dans son zèle de sot fervent,
Il confondait parfois le passant respectable
Avec le dernier va-nu-pieds.
Un jour pourtant, malgré ses cris multipliés,
.   Voilà qu'un grand porte-besace,
A mine de forçat, aux yeux de loup-cervier,
Pénètre dans la cour, d'un bâton le pourchasse,
Et se dirige vers le logis du fermier,
Qu'en l'absence du maître il s'apprête à piller.
L'aboyeur, muet d'épouvante,
Se sauve près du dogue à l'angle du perron.
Crocs menaçants, gueule béante,
Celui-ci, sans broncher, attendait le larron,
Qui juge de vingt pas la retraite prudente.
« Comment donc as-tu fait si peur
A ce redoutable voleur ? »
Lui dit le petit chien d'une voix très discrète.
« J'ai des dents ! » lui répond le gardien gravement.

La force donne au droit son meilleur argument.

XVI. — LE PERROQUET, L'ENFANT ET LE PINSON

A mon ami Frédéric Mettey.

Un perroquet savant
Se moquait d'un enfant
Qui s'essayait à lire,
En épelant les mots difficiles à dire.

Et cet oiseau bavard ajoutait fièrement :
            « Voyez, moi je récite
            Au moins deux fois plus vite
            Mon plus long compliment. »
Un pinson, agacé par un vain caquetage,
Lui répondit : « C'est vrai, mais tu n'y comprends rien ;
Tu ne sais qu'imiter un frivole langage,
Et tu crois, pauvre sot, que tu parles très bien.
Tu répètes toujours le même bavardage,
            Tandis que, rempli de bon sens,
L'enfant sait ce qu'il dit sans ennuyer les gens. »

Tel qui se croit savant et sage
Ne sait que répéter, comme ce perroquet,
Un fade et sonore passage
Auquel il n'entend rien et qui fait son caquet.

XVII. — LE RAT ET LE CHAT

A mon ami Charles Contejean.

A quelques pas du trou qui protégeait un rat,
            Un jour se reposait un chat.
Il faisait du soleil, et le beau solitaire,
Étirant longuement ses membres paresseux,
Se pourléchait, bâillait et clignotait des yeux.
Le rat, pris tout à coup d'un zèle débonnaire,
Lui dit naïvement : « Pourquoi toujours la guerre
Entre gens qui devraient se chérir à jamais,
Et goûter en commun les douceurs de la paix?
            — Ce noble sentiment t'honore,
            Et tu m'en vois émerveillé...,
Miaula d'une voix caressante et sonore
            Le matou soudain réveillé;
Viens, scellons d'un baiser le pacte de concorde! »
            Sans crainte notre rat aborde

Le louche et cruel carnassier,
Qui, lâchement, sans lui faire quartier,
Bondit sur lui, l'arrête, le terrasse
Et l'étrangle d'un coup de sa gueule vorace.

Il ne faut pas, mes bonnes gens,
Croire aux promesses des méchants.

XVIII. — LA TULIPE ET LA VIOLETTE

A Mademoiselle Blanche Scordia.

Étalant sa corolle altière
Aux rayons dorés du matin,
La tulipe éclatante et fière,
Reine orgueilleuse du jardin,
Disait à l'humble violette :
« Tu négliges trop ta toilette.
Cachée à l'ombre d'un buisson,
Tu te flétris dans le gazon.
Que je te plains, pauvre fleurette !
Le passant ne te connaît pas
Et de toi détourne ses pas.
Quitte donc ta sombre retraite;
Laisse tes prés, viens dans ma cour
Briller à la clarté du jour. »
D'une voix timide et discrète,
La violette répondit :
« Ton sort ne me fait point envie;
Je préfère passer ma vie
Avec mes sœurs, auprès d'un nid,
Parmi la paix et le mystère,
Loin du magnifique parterre
Où triomphe ta vanité.
Ton dédain ne trompe personne;
La vertu seule ennoblit la couronne :
J'ai le parfum, tu n'as que la beauté.

Aussi la mère de famille
Me donne en exemple à sa fille,
Et dit en me cueillant : « Ainsi tu dois fleurir :
La plus charmante fleur, ce n'est pas la plus belle;
La violette plaît; sois modeste comme elle.

Le mérite se cache et se fait découvrir. »

XIX. — LE VER A SOIE, LA CIGALE
ET LE HANNETON

A mon ami Pierre Peugeot.

Un jour, en proie à la fringale,
Le ver à soie et la cigale
Rencontrèrent un hanneton
Qui leur dit de son air glouton :
« Quoi! vous ici? Je me régale
Des feuilles tendres du mûrier,
Et cette branche, c'est la mienne :
Je ne permettrai pas que tout le monde y vienne!
Va-t'en, méchant rampeur, et toi, ménétrier! »
Il aurait poursuivi son insulte grossière,
Mais un homme intervient : « Insecte malfaisant,
Qui n'es bon qu'à pourrir bientôt dans la poussière,
Tu n'auras de ceux-ci qu'un regard méprisant.
Tandis que tes parents dévorent les racines,
Toi, tu détruis au cœur le germe des moissons;
Mais ce noble artisan me fait des œuvres fines,
Et ce musicien sait charmer mes saisons :
Le fidèle ouvrier est utile à ma vie,
Et le charmant artiste a consolé mon cœur.
Quant à toi, vil fléau qui bourdonnes d'envie,
Cesse sans plus tarder ton langage moqueur! »
Ce disant, l'homme écrase le rongeur.

XX. — L'ÉCOLIER, SON MAITRE
ET LE VER LUISANT

Un soir, avec son maître, un gentil écolier
       Gravissait le sentier
    Qui, sur les flancs de la colline,
Met son ruban bordé de verte mousseline.
Le maître racontait une histoire, et sa voix
Lente et grave parlait du devoir et du vice.
« Le vice, dit l'enfant, ça vit-il dans les bois? »
Le maître en souriant répond avec malice :
« Vois-tu sous les rameaux ce point brillant qui glisse
Comme une étoile d'or? Va le prendre en ta main. »
D'un bond l'enfant joyeux a quitté le chemin
Et cueilli cette étoile au fond de la charmille.
       C'était un ver luisant.
Tout à coup il le jette et dit en gémissant :
    « Ce n'est qu'une affreuse chenille! »

*   Comme ce ver qui dans la mousse brille,*
*   Souvent le vice a des habits dorés;*
Sous ses rayons, de loin il a l'aspect d'un ange.
Chers enfants, redoutez ses appas, car de près
C'est un insecte vil qui rampe dans la fange.

LIVRE QUATRIÈME

I. — LE HÉRISSON ET LES LAPINS

A M. Henri Guermeur.

Un hérisson, l'air humble et doux,
Vint demander à des lapins en fête
De jouer avec eux sous les feuilles de choux.
« Volontiers, dirent-ils : tu parais bonne bête. »
Et sur-le-champ il se met à courir
Parmi l'entrain charmant de la bande joyeuse.
Mais voyez donc sa conduite odieuse :
L'ingrat, de ses piquants, ne sait que les meurtrir !

On poursuit ce méchant, on le chasse, on l'évite ;
Et notre hérisson, qui se sauve peu vite,
Est croqué par le chien qu'on est allé quérir.

Avoir de bons amis, quelle faveur insigne !
Mais, pour les conserver, il faut en être digne.

II. — LE FERMIER NÉGLIGENT

A mon ami Antonin Lavergne.

Le poulailler de maître Jean
N'avait qu'un vieux loquet pour toute fermeture.
     « J'y ferai mettre une serrure,
     Se dit un jour le paysan ;
     Ce loquet branle : si les fouines
     Venaient à passer par ici,
     C'en serait fait de mes gélines. »
     Mais, oublieux, le sans-souci
Remet au lendemain ce qui le trouble ainsi.
     Or, pendant que la nuit s'écoule,
Le renard ouvre l'huis et pille le fermier.

C'est trop tard de fermer à clé le poulailler,
     Quand le renard a pris la poule.

III. — LES PIERROTS ET LE COUCOU

Enfants, c'est un défaut extrême
Que de parler sans cesse de soi-même.

Un jour, chez les pierrots, on causait du pinson,
Et chacun s'accordait à louer sa chanson,

Lorsqu'un coucou du voisinage,
Les interrompant tout à coup :
« Que dit-on, mes amis, de mon joli ramage?
— On dit, siffla l'un d'eux, que monsieur le coucou
Est un ennuyeux personnage. »

IV. — L'ABEILLE ET LA FERMIÈRE

A Édouard Petit.

Une abeille, dans un jardin,
Voltigeait, diligente, au sein de la lumière,
Et sur toutes les fleurs recueillait son butin.
« Sois prudente! lui dit en passant la fermière :
Plus d'une de ces fleurs renferme un suc mortel.
— C'est vrai, lui répondit cette sage ouvrière;
Mais j'écoute l'instinct que m'a donné le ciel :
Je laisse le poison et ne prends que le miel. »

V. — LE SCARABÉE ET LE FOURMI-LION

Un scarabée, intrépide touriste,
Hardi chasseur, toujours sur quelque piste,
Escaladait les rocs, descendait aux ravins,
Et du désert explorait les confins,
Sans autre but que de redire au monde :
« J'ai vu ceci, cela, sur la machine ronde. »
Un beau jour il arrive au bord de l'entonnoir
Où le fourmi-lion attendait sa victime.
Il s'approche, il regarde, incliné pour mieux voir.
Une grêle, montant de ce guet-apens noir,
L'aveugle tout à coup : il roule dans l'abîme!

Le monstre avec rapidité
S'élance sur l'insecte étourdi de sa chute,
Et le dévore après une très courte lutte.

Et voilà ce que fait la curiosité.

VI. — LE SINGE, LE CHAMEAU ET LE MIROIR.

Le singe et le chameau trouvèrent un miroir.
Le premier, tout surpris de l'étrange grimace
          Qui se reflétait dans la glace,
Dit à son compagnon : « Approche pour t'y voir. »
          L'autre, apercevant ses deux bosses,
     Lui répondit : « Tiens ! j'y vois ton portrait :
     Vit-on jamais un visage plus laid ?
Ta joue est trop enflée et tes dents sont trop grosses.
Ce verre est très utile, il pourra te servir :
          Conserve-le pour ta toilette. »

Qui de nous ne ressemble à l'une ou l'autre bête ?
Si l'on voit ses défauts, c'est sans en convenir :
          Chacun en détourne la tête,
Et dans ceux du prochain trouve un malin plaisir.

VII. — LE SOULIER RONGÉ PAR LA SOURIS

     « Ah ! quel malheur ! s'écriait un fermier :
          Une souris a rongé mon soulier !
Je crains le mauvais sort qui cause ma détresse ! »
Un voisin accourant le regarde surpris :
« Certes, dit-il, le mal est grand ; mais que serait-ce
Si ton soulier avait dévoré la souris ? »

De tous nos préjugés l'ignorance est la mère,
Et nos craintes souvent naissent d'une chimère.

VIII. — LE CHIEN QUI ABOIE A LA LUNE

Tous les soirs, quand venait la brume,
    Un chien aboyait à la lune :
La croyant un fromage, il voulait la happer.
Le soir du lendemain, sans lui garder rancune,
    Il recommençait à japper.

Combien, toujours déçus, poursuivent la fortune
    Sans pouvoir jamais l'attraper!

IX. — L'ESCARGOT ET LA FOURMI

A. M. B. Devillers.

Un escargot rencontre en un jardin
Une fourmi transportant son butin
    Vers le bord de sa fourmilière;
Mais, barrant son chemin, une profonde ornière

L'empêche d'avancer : elle fait un détour.
« Pourquoi, dit l'escargot, travailler pour les autres?
Tu n'arriveras pas avant la fin du jour ;
    Garde plutôt ta récolte pour toi. »
La fourmi lui répond : « Tu juges mal les nôtres :
Si je peine pour eux, ils travaillent pour moi.
Un pour tous, tous pour un : c'est la suprême loi.
Sans l'union des cœurs, rien de grand ne se fonde ;
L'égoïsme détruit ce que l'amour féconde. »

X. — LA FOURMI, LA TAUPINIÈRE ET LE LAPIN

A Philippe Gille.

Une fourmi, sur un brin de gazon,
    Disait : « Quelle est cette énorme montagne
Qui se dresse là-bas, dominant la campagne
    Comme un géant qui cache l'horizon ? »
Maître lapin, debout au bord de sa tanière,
Lui répondit : « Parbleu, c'est une taupinière ! »

    Tous deux avaient raison ;
Pas n'est besoin de les tirer à courte paille.

Chacun mesure ainsi les choses à sa taille.

XI. — L'ÉCUREUIL BLESSÉ

A M. Adrien Seignette.

Un écureuil blessé, sur le bord du chemin
Appelait au secours et soupirait en vain.
Un de ses frères passe et le regarde à peine.
    Le malheureux allait périr de faim,
Quand un loir, sautillant sur les branches d'un chêne,

Entend sa plainte : vite, il lui porte des glands,
S'assied à ses côtés et lui lèche sa plaie.
          La pauvre bête consolée
Sent renaître la force en ses membres tremblants,
Se relève bientôt et rejoint sa famille,
Qui pleurait son absence au fond d'une charmille.

Le cœur, et non le sang, fait la fraternité;
C'est en lui qu'est ta source, ô sainte charité!

XII. — LE PARAPLUIE

A mon ami Paul Bruel.

Quand il fait mauvais temps, tout le monde s'en sert;
          Dès qu'il fait beau, tout le monde le quitte.
Contre les coups du sort ainsi l'homme s'abrite :
Auprès d'un bienfaiteur il se met à couvert;
Mais viennent d'heureux jours, aussitôt il l'évite.
          Ingrats, vous oubliez si vite !

XIII. — LE FRELON, LE MIEL ET L'ABEILLE

          Un frelon gourmand et rapace,
          Comme les paresseux chez nous,
          Trouve un rayon de miel très doux
          Et s'en gorge aussitôt sur place.
          Une abeille en ce moment passe,
Venant de butiner sur les fleurs du coteau.
« Pouah ! lui dit le frelon en quittant le gâteau,
Que c'est fade vraiment ! L'affreuse confiture !
          L'estomac le plus résistant
Se lasserait bientôt de cette nourriture. »

L'abeille riposte à l'instant :
« O parasite sans vergogne,
Avant de mépriser ce miel si dégoûtant,
Attends donc que ta panse ait fini sa besogne ! »

Combien voit-on d'écornifleurs,
De mendiants, de pique-assiette,
Vivre aux dépens des travailleurs,
Et, tout en posant leur serviette,
L'estomac plein, médire du dîner
Qu'on vient à tort de leur donner.

XIV. — L'ENFANT ET L'ABEILLE

A mon cher compatriote Maurice Lambert.

Un jour, au milieu d'un verger,
En rôdant autour d'un rucher,
Jean l'étourdi se fait piquer par une abeille,
Et voilà le bambin qui se met à crier.
Le père accourt, devine, et puis, tirant l'oreille
  A l'espiègle écolier,
   Il le tance
   D'importance.
Une guêpe en passant avait vu tout cela.
D'une voix indignée, elle dit à la mouche :
  « Belle justice que voilà !
  Pour peu qu'en m'amusant je touche
  La peau de quelque mauvais fruit,
  L'homme en colère me poursuit,
  Se venge et lâchement m'écrase
  Du pied, sans procès et sans phrase.
Mais toi, tu peux blesser ses enfants dans leurs jeux :
Chacun te félicite et tout est pour le mieux.

Ce maître te défend, t'abrite et te protège;
Qui trouble ton travail est pour lui sacrilège. »
L'abeille lui répond : « Rien n'est plus naturel :
Toi, tu lui prends son bien; moi, je lui fais du miel. »

XV. — LE PERROQUET ET LA CHATTE

A M. Comte.

« Bonjour! As-tu dîné, ma mie? »
S'écrie un perroquet du haut de son perchoir.
        Une jeune chatte endormie
Se réveille du coup et s'approche pour voir
Le bavard à deux pieds qui trouble le boudoir.
Elle saute d'un bond vers cette bête étrange,
Dont les plumes d'azur pendent comme une frange.
Le perroquet sur elle a fixé ses yeux gris,
Semblant l'interroger d'un long regard surpris.
Alors, tirant la queue à l'oiseau qui s'envole,
La chatte curieuse et d'une audace folle
        Grimpe au sommet du belvéder,
Disant : « C'est très joli, ce balcon en plein air! »
Mais notre perroquet, pour reprendre sa place,
Revient sur la voleuse et, de son bec de fer,
La saisit à son tour, la houspille et la chasse,
        Lui jetant ces mots à la face :

        « N'y reviens plus! Chacun chez soi :
        En tout pays, voilà la loi. »

XVI. — LE CANARI ET LE PINSON

A mon cher ami Édouard Grenier

Un canari chantait dans une cage
Suspendue à l'auvent devant une maison,
Et les petits oiseaux qui venaient du bocage
Étaient tous étonnés de sa vive chanson.
« Pourquoi tant de gaîté? lui dit un vieux pinson;
Je serais déjà mort dans cette solitude.
Est-il donc si léger, l'air de la servitude?
Trouve-t-on le bonheur sous un toit de prison?
Il te manque l'espace et le vaste horizon.
Ami, viens avec moi dans le grand bois sauvage;
Libre sous le grand ciel, va, fuis ton esclavage;
Pars : tes ailes, qu'attend un souffle large et pur,
Berceront ton destin de soleil et d'azur. »
Le chanteur lui répond de sa voix la plus claire :
« Tu te trompes vraiment : mon sort est très heureux;
En ce joli palais chacun cherche à me plaire;
Sucre choisi, mouron bien frais, fruits savoureux,
Il ne me manque rien, et mes jeunes maîtresses
Me comblent de baisers et de douces caresses;
J'ignore le souci d'un triste lendemain
Et ne redoute pas les hasards du chemin;
Je ne crains ni le froid, ni le vent, ni la neige,
Et je nargue, en chantant, l'hiver et son cortège. »

Au sein de la mollesse, abdiquant sa fierté,
L'esclave ainsi t'oublie, ô sainte liberté!

XVII. — LE RENARD ET LA GRENOUILLE

A mon ami Paul de Resener.

Un renard qui passait sur le bord d'un étang
Rencontre une grenouille et lui tient ce langage :
« Toi qui sautes si bien, ma commère, je gage
De te vaincre à la course, et de rire un instant
A t'attendre là-bas, sous l'arbre le plus proche.
— Pars, je te suis, dit-elle, et voyons qui rira
Quand, le premier des deux, au but il touchera. »
　Ce disant, hop ! elle saute et s'accroche
A la queue en balai du renard entraîné,
Qui ne voit rien, s'élance et l'emporte en la plaine.
Notre coureur bientôt arrive, hors d'haleine,
　Au pied de l'arbre, et, s'étant retourné

Pour rire et se moquer de la petite bête,
Celle-ci, triomphant, se laisse alors tomber.
« Hé ! dit-elle au renard, c'est à moi de dauber ! »
Le renard tout confus, en s'éloignant, répète :

« *On ne sait pas toujours de qui l'on rit :*
Les plus petites gens ont parfois de l'esprit. »

XVIII. — LE PREMIER NID

A M. Louis Trautner.

On était au printemps, et la nature en fête
Célébrait le retour de la belle saison.
Le cœur plein d'espérance, une jeune fauvette,
Faisant son premier nid, apportait au buisson
                Le crin moelleux, la laine douce,
La plume et le duvet, le gramen et la mousse.
                Mais le pauvre petit oiseau,
Novice encor dans l'art de construire un berceau,
S'y prend en maladroit : l'ouvrage est difficile.
Un pinson qui la voit lui siffle : « Halte-là !
                Il faut, pour devenir habile,
Faire comme ceci, faire comme cela. »
La vaillante apprentie, empressée et docile,
Veut suivre, mais en vain, les conseils du pinson.
La voilà qui gémit, pleure et se désespère.
                Heureusement, sa bonne mère
L'entend, accourt et vient achever la leçon.
                Dans la couchette vite elle entre ;
                Puis des pieds, du bec et du ventre,
Mêlant les brins, pressant les bords, elle assouplit
                Et façonne le petit lit.
                Notre fauvette émerveillée
                Et de son chagrin consolée,

S'écrie avec transport : « Je comprends maintenant !
J'ai saisi le secret et j'en vais faire autant. »
Elle imite sa mère : au bout de quelques heures,
Elle a bâti la plus charmante des demeures.

Les maîtres les meilleurs
Ne sont pas les plus beaux parleurs.
Mieux vaut faire que dire :
L'exemple est préférable aux mots pour nous instruire.

XIX. — LA SOURIS ET L'HIRONDELLE

A M. Firmin Bouisset.

Une souris, par un chat poursuivie,
Sans rejoindre son trou s'essoufflait à courir.
La pauvre bête allait périr,
Quand un heureux hasard lui conserva la vie.
Dans sa fuite le long des poutres du grenier,
Trouvant une lucarne, elle y passe et, ravie,
Grimpe jusqu'au bord du larmier
D'une très haute cheminée,
Où, depuis longtemps, chaque année,
Une hirondelle en mai venait faire son nid.
Par certaine ouverture où glisse la lumière,
Elle aperçoit l'oiseau qui, fermant la paupière,
Semblait dormir en paix dans son discret réduit.
C'était la bonne et douce mère
Qui tendrement couvait ses œufs,
Tandis qu'à travers champs le père
Cherchait le dîner pour tous deux.
D'une voix qui frémit encore,
La souris en ces mots l'implore :
« Bonne dame, au secours ! Prêtez-moi votre trou !
Il va me dévorer, le terrible matou !

5

Sans vous je suis perdue; ah! de grâce, un asile! »
L'oiseau de l'espérance est ému dans son cœur
Et noblement lui donne un refuge tranquille;
La pauvrette s'y cache et bénit son sauveur,
Cependant que le chat retourne à sa vedette.
Le père fatigué rentre au même moment,
Fort étonné de voir en son nid cette bête;
Et l'hirondelle alors lui raconte comment
Elle l'a recueillie en leur appartement,
Afin de la sauver du monstre qui la guette;
     Puis elle ajoute vivement :
« J'ai vu le chat cruel, le maudit garnement!
C'est lui qui l'an dernier étrangla notre mère,
Avec toutes nos sœurs, au sortir du berceau :
     Moi-même, sans ce souriceau
     Qui me cacha dans sa tanière,
     Je ne vivrais pas aujourd'hui.
Ce qu'il a fait pour moi, nous le faisons pour lui,
     Et ce m'est douce jouissance. »

On acquitte un bienfait par la reconnaissance.

XX. — LE HANNETON CAPTIF

A mon ami Ernest Figurey.

Un hanneton au bout d'un fil
Qu'un enfant sur le sol promène,
Comme un forçat traînant sa chaîne,
Veut s'échapper de son exil
Et s'envoler, joyeux et libre,
Dans la grande forêt qui vibre.
Ouvrant ses ailes au soleil,
Le captif tout à coup s'élance
Vers les clartés du jour vermeil;
Il s'enhardit, il se balance

Dans un tourbillon incessant,
Et, lassé, retombe impuissant !
L'aile promet la délivrance,
Mais le fil brise l'espérance !
Et pourtant le pauvre exilé,
Après un instant de démence,
Se console et puis recommence :
Le voilà bientôt envolé
Vers les champs de l'espace immense,
Hélas ! pour retomber encor !

Ainsi font nos espoirs avec nos rêves d'or.

LIVRE CINQUIÈME

I. — UN HÉROS EN PAROLES

A mon ami Georges Quinqueton.

« Moi, disait un enfant, je n'ai pas peur du loup! »
Et, sur un ton menaçant et superbe :
« Qu'il vienne! ajoutait-il, je l'étrangle du coup
    Et je le fais rouler sur l'herbe!

Moi, je suis fort, je suis brave, je suis... »
Une souris,
Sortant de sa cachette,
Interrompt le héros, qui pâlit, perd la tête
Et se sauve en poussant des cris.

De même qu'on connaît l'ouvrier à l'ouvrage,
C'est aux actes surtout qu'on juge le courage.

II. — LA LIMACE PRESSÉE

« Holà! place! faites-moi place!
S'écriait un jour la limace :
Je suis pressée! Êtes-vous sourds?
Ne voyez-vous pas que je cours?
Laissez-moi traverser la plaine.
— Bon Dieu! dit un lézard
Qui l'entend par hasard,
Comment va-t-elle donc quand elle se promène? »

III. — LE CHÉNE ET LE ROSIER

A Sully Prudhomme.

Le grand chêne disait au modeste rosier
    Qui fleurissait sur le bord d'un sentier :
« On te distingue à peine à l'ombre où tu reposes;
Regarde mes rameaux : l'aigle niche à mon front.
Que ta tige est chétive à côté de mon tronc!
— C'est vrai, dit l'arbrisseau, mais je porte des roses. »

IV. — LES DEUX CHATS

A Georges Montorgueil.

Nés sous le même toit, dans la même couchette,
    Jouant sur le même tapis
    Et mangeant à la même assiette,
Mitis et Rongelard étaient deux bons amis.
    Un jour pourtant les deux compères,
    Qui jusque-là vivaient en frères,
    Toujours d'accord, toujours contents,
Pour un os de poulet se prennent de querelle,
Se donnent force coups de griffes et de dents
Et se jurent enfin une haine éternelle.
    Dès lors plus d'entente fidèle,
    Plus de repas et plus de jeux
    Ni de bonne partie à deux !

Retenez bien cette sentence :
La vraie amitié cesse où l'intérêt commence.

V. — LA FOURMI ET LES AUTRES INSECTES

Allant, venant sans cesse au travers d'une allée,
La fourmi, par l'envie et l'orgueil aveuglée,
Se croyait un colosse et le disait bien haut.
Ses voisins à ses yeux avaient tous un défaut :
C'étaient des myrmidons que l'on voyait à peine,
Des insectes chétifs inconnus dans la plaine.
Le capricorne était l'avorton du jardin,
L'abeille un moucheron qui cache son venin,

Le carabe un pygmée à l'odeur repoussante,
Le grillon un nabot, le cerf-volant un nain :
Seule, elle seule avait une taille imposante !
Un criquet, l'entendant qui médisait de lui,
La confond en ces mots d'une voix méprisante :
« Ta vanité, petite, est vraiment trop plaisante :
Crois-tu donc t'élever en rabaissant autrui ? »

VI. — LE CYGNE, LE CORBEAU ET LE RAMIER

A mon ami Claudius Prost.

Un cygne plein de majesté
Sur l'azur d'un étang promenait sa beauté.
Chacun louait sa grâce séduisante,
Ses nobles mouvements, sa tranquille fierté,
Et sa blancheur éblouissante.
Seul un corbeau, caché dans un buisson,
Le dénigrait, criant de sa voix croassante :
« Ce lourdaud n'est qu'un gros oison :
Un cygne ? jamais de la vie ! »
Mais un pic, indigné de cette moquerie,
Vint lui fermer le bec du haut de son ormeau :
« Tais-toi donc, lui dit-il, tais-toi, vilain corbeau !
Tes pareils seraient blancs s'ils étaient sans envie. »

Le laid toujours a méprisé le beau.

VII. — LES DEUX ÉPIS

A mon ami Louis Meunier.

« Pour le grenier du roi l'on m'a mis dans la gerbe, »
Disait à son voisin l'épi le plus superbe.
L'autre lui répondit : « Moi, je reste au sillon :
Le champ natal suffit à mon ambition. »

Puis il tomba parmi les chaumes.
        Or, dès le lendemain,
    Ils devinrent tous deux du pain,
L'un le pain des oiseaux, l'autre le pain des hommes.

La mort nous rend pareils, et le commun destin
Vient détruire, le soir, les gloires du matin.

VII. — LA VIPÈRE QUI A CHANGÉ DE PEAU

Une vipère, ayant changé de peau,
    Se glisse auprès des bêtes du troupeau,
En disant aux moutons : « Voyez, je suis très douce :
    Venez jouer avec moi sur la mousse;
J'ai perdu mes défauts en perdant mes habits;
Je suis aimable et bonne ainsi qu'une brebis. »
        Au même instant un mulot passe :
        Elle ouvre sa gueule rapace

Et jette un sifflement strident.
Le pauvret fasciné tremble, s'y précipite
Et périt foudroyé du venin de sa dent.
Le chien s'écrie alors d'une voix qui s'irrite :
« Va-t'en, monstre perfide, odieux hypocrite !
O reptile cruel, traître, vil et rampant,
Change vingt fois de peau, tu resteras serpent ! »

IX. — LE CRAPAUD ET LA RAINETTE

L'affreux crapaud disait à la rainette :
  « Je ne sais vraiment pas pourquoi
  Tout le monde a si peur de moi ;
  Pourtant ma voix est douce et nette,
  Et je chante bien mieux que toi.
— C'est vrai, lui répondit sa petite cousine,
Mais ta bouche distille une bave assassine. »

Souvent parler bénin
Cache mortel venin.

X. — LE CYGNE ET LE POULET

Un cygne au grand soleil fendait l'eau d'un étang ;
Un poulet, sur le bord, l'admirait plein d'envie.
« Viens prendre un petit bain et jouer un instant,
  Lui dit le cygne en l'invitant.
— Je ne sais pas nager et j'y perdrais la vie,
Répond le coq : adieu ! je rejoins mes amis. »

En gardant l'humble état où le sort l'avait mis,
Ce coq prudent montrait de la philosophie.

XI. — L'OIE ET L'ANE

L'oie à l'âne disait : « Vraiment tes deux oreilles
Sont trop longues : jamais on n'en vit de pareilles !
Et puis ta voix est fausse et tu chantes très mal. »
L'âne lui répondit : « Pauvre sot animal,
Tu ne vois pas ton cou qui passe la mesure ;
Puis ta voix n'est pas juste et tu chantes très faux. »

Ainsi chacun de nous fait sa propre censure.
La plupart des défauts
Que nous critiquons chez les autres
Ne sont le plus souvent que le pendant des nôtres.

XII. — LA VIGNE ET L'ORMEAU

A M. Carriot.

« L'orage a brisé mon support !
Disait une vigne abattue ;
Mieux vaut pour moi vite la mort
Que la triste langueur qui tue
Dans mes rameaux blessés l'espoir vivant des fleurs ! »
Un ormeau, son voisin, fut touché de ses pleurs,
Et, se penchant vers elle, en un discret murmure
Il lui dit : « Viens, je serai ton soutien ;
Voici pour toi ma force et ma verdure.
J'étais l'arbre stérile et ne servant à rien :
Grâce à toi, maintenant, je puis faire du bien. »

XIII. — LA FEUILLE ET LE VENT

A mon ami Martial Besson.

Une feuille emportée au gré de l'aquilon
          S'élève au-dessus du vallon,
          Dépasse la tour du village
Et, plus haut que le mont, traverse le nuage.
          « J'irai, dit-elle, jusqu'aux cieux,
Contempler du soleil le nimbe radieux ;
J'irai prendre à la Vierge un lambeau de son voile
Et cueillir un rayon à la dernière étoile ;
J'irai... » La voyageuse aux espoirs insensés
          N'eut pas le temps de finir sa tirade :
Quelques gouttes de pluie à chocs drus et pressés
Donnèrent le signal de la dégringolade.
          Elle tomba sur un terrain mouvant
Où le torrent passa, la roulant dans ses fanges
          Avec mille débris étranges.

          Petite pluie abat grand vent,
Et tel qui, soulevé sur ton aile, ô Fortune,
Se vantait gravement de décrocher la lune,
Se voit précipité par quelques gouttes d'eau
Des sommets nébuleux de son Eldorado.

XIV. — LE PETIT CHIEN ET LE DOGUE

          Un petit chien, plein de malice,
          S'en allait par tout le quartier
Médire à tout venant du dogue du fermier.
« C'est un lâche, un coquin, un monstre d'injustice ! »
          Aboyait-il sans se lasser.
          Or, le gros chien vint à passer.

Notre roquet se tait, puis tout à coup s'élance
    Vers le dogue pour le baiser.
Celui-ci, furieux de voir tant d'insolence,
    Allait d'un bond le terrasser,
Lorsque, se ravisant, il lui dit à voix basse :
« Que désires-tu donc? Un lièvre? Une bécasse?
— Tu peux doubler le tout, dit l'autre en appétit.
— Soit, répondit le dogue, et motus, mon petit! »

Que de roquets chez nous, remplis de violence
    Contre les grands du jour,
S'empressent platement de leur faire la cour,
Dès qu'ils espèrent vendre à bon prix leur silence!

XV. — LE CHIEN DU JARDINIER

Un jardinier avait un chien
Qui ne se portait pas très bien.
Un jour, pour le guérir, son maître
Lui jette un quartier de chevreuil;
Mais plutôt que de s'en repaître,
Le malade à peine ouvre l'œil
En le flairant : point il n'y touche.
L'appétit manque, et cependant,
Sur le morceau baissant la bouche,
Il le garde en montrant la dent.
Or l'odeur du gigot attire
Un vieux barbet qui vient lui dire :
« Je n'ai pas mangé depuis hier,
Cousin : donne-moi, je te prie,
Un peu de cette bonne chair
Avant qu'elle ne soit pourrie,
Car si vraiment tu n'en veux pas,
Mieux vaut que j'en fasse un repas.

— Crois-tu, répond-il en colère,
Que je me prive pour te plaire?
Quand je jeûne, c'est pour mon bien;
Fais comme moi, ne mange rien. »
Alors, serrant la viande crue
Entre ses griffes qu'il étend,
Il chasse l'autre dans la rue
Et puis se recouche content.
Qu'arriva-t-il? On le devine :
Ce chien périt par la famine,
Et, rongé de vers, le gibier
Fut enfoui dans un fumier.

L'égoïsme le plus féroce
Est celui de l'avare à deux pas de sa fosse!

XVI. — LE LOUP VÊTU DE LA PEAU D'UN CHIEN

Un loup, s'étant vêtu des dépouilles d'un chien,
Alla trouver Médor, le fidèle gardien,
Et, l'air piteux, lui dit : « Je cherche de l'ouvrage,
Je sors de l'hôpital et je suis sans travail.
          Je puis t'aider au pâturage,
Y mener les brebis, les rentrer au bercail,
Et guetter, près du bois qui borde la prairie,
Le loup qui rôde autour de cette bergerie.
          Je suis courageux au labeur
Et la besogne enfin ne me fit jamais peur.
— C'est bien, répond Médor, tu me parais honnête,
Et je vais de ce pas te conduire au berger,
Qui sans perdre de temps pourra t'interroger. »
Le berger, qui survient, examine la bête
Et dit : « Que sais-tu faire? As-tu quelque papier
Attestant que du moins tu connais ton métier?

— Non, lui répond le loup, j'oubliais cette chose ;
D'ailleurs on m'a volé tous mes certificats. »
Et comprenant alors que mauvais est son cas,
L'hypocrite s'enfuit sans tarder, et pour cause.

Bergers, défiez-vous des loups :
Sous de faux airs, souvent, se cachent les filous.

XVII. — LE RENARD, LE LOUP ET LES RAISINS

A Charles Mayet.

Avec un loup faisant chemin,
Un vieux renard, cousin germain
De celui du bon La Fontaine,
Aperçut une treille à mi-hauteur d'un mur.
« Compère, lui dit-il, notre chance est certaine :
Les belles grappes d'or ! Ce raisin paraît mûr

Et doit être meilleur au goût que les volailles ;
Si je n'avais dîné déjà d'un nid de cailles,
Je t'aiderais bien vite à cueillir ces fruits doux
Qui semblent nous narguer et se rire de nous.
— Moi, j'ai bien faim, dit l'autre, et si tu me veux plaire,
Tu peux, sans peine, ami, me fournir mon repas :
Monte-moi sur la croupe et jette-les en bas.
Va, tu n'y perdras rien : service vaut salaire.
— Très volontiers, mon cher, lui répond le renard,
Et je suis trop heureux vraiment de t'être utile. »
          Ce disant, le rusé pillard
Lui saute sur le dos d'un mouvement agile,
Se dresse sur deux pieds et... mange les raisins.
Le loup, tête baissée, attend, attend encore,
Tandis que le gourmand les happe et les dévore.
Enfin rassasié : « Je crois ces fruits malsains,
Dit-il ; j'en ai goûté : ça donne la colique ! »
          Puis, sans attendre la réplique,
                  Il fuit d'un trait
                  Vers la forêt.
Le pauvre loup ne peut que contenir sa bile.

Combien de gens
Aux dehors obligeants
Cachent leur égoïsme habile
Et ne travaillent que pour eux
Sous prétexte d'aider leurs amis malheureux !

XVIII. — LE BÉLIER ET LE COQ

Du haut de son fumier,
Le coq vit un jour un bélier
Qui conduisait vers la fontaine,
A la façon d'un capitaine,

Les brebis d'un nombreux troupeau.
« Comme il serait vraiment plus beau,
S'il avait une rouge crête
Faisant office de drapeau,
Au lieu de cornes sur la tête! »
Disait le coq hardi, dressé sur ses ergots.
Le bélier n'aimait pas beaucoup les quiproquos :
Il répondit sur un ton ironique :
« Combien le coq serait plus gracieux,
Sans les crochets de ses pieds tortueux,
Qui lui donnent vraiment un aspect satanique!
— Chacun de mes ergots me tient lieu d'éperon,
Repart le coq, et, s'il le faut, c'est une épée
Dont la pointe est assez trempée
Pour châtier sans peur un rival fanfaron.
— Mes cornes sont aussi des lances,
Riposte le fougueux bélier :
Elles me servent de défenses
Après m'avoir servi de casque et de cimier. »

Du coq et du bélier les travers sont les nôtres;
  Sur ce point-là nous nous ressemblons tous :
L'objet plein de défauts quand il est chez les autres,
N'a que des qualités s'il se trouve chez nous.

XIX. — LES GOUTTES DE ROSÉE

A mon ami Octave Paigné.

L'aube rose a semé ses pleurs
Sur les gazons et sur les fleurs;
Au bord de chaque feuille et de chaque pétale,
Quand sourit le soleil charmant,
On voit étinceler perle, saphir, opale,
Émeraude, rubis, cristal et diamant.

  Ces merveilleuses gouttelettes,
  Suivant le rayon visuel,
Se parent des couleurs qui forment l'arc-en-ciel,
Et jamais l'on ne vit urnes et cassolettes
  Briller de feux plus variés
  Sous la baguette d'or des fées.
Mais vienne tout à coup, sur les rameaux ployés,
  Le moindre souffle par bouffées,
Le prisme disparaît pour revenir demain.

  Ainsi notre jeune espérance
  Irise chaque rêve humain,
Pareil aux gouttes d'eau que la brise balance
  Aux pointes d'herbe du chemin :
Le vent du malheur passe et l'illusion tombe;
Mais l'espoir au matin renaît sur chaque tombe.

XX. — LE VASE DE PORCELAINE
ET LE VASE DE TERRE

A Leconte de Lisle.

Un grand vase de porcelaine
Se prélassait dans sa beauté
Sur une table en bois sculpté,
Au milieu d'une chambre pleine
D'objets de luxe, de tableaux,
De bijoux et de bibelots.
Un valet, par mégarde, à côté de lui pose
Une tasse de terre où fume quelque chose.
Le vase alors s'écrie : « Arrière, vil manant!
Quoi! m'approcher ici? C'est vraiment de l'audace.
  — Calme-toi, lui répond la tasse :
Je te croyais aimable et moins impertinent.

Je n'ai pas recherché ta superbe présence,
Ce valet seul nous force à faire connaissance.
D'ailleurs, que tes pareils sachent la vérité :
Vous gâtez votre éclat par votre vanité.
            Cependant, moins que nous utiles,
            N'êtes-vous pas aussi fragiles?
Terre blanche ou bien rouge, un semblable destin
Nous fait rentrer un jour dans la même poussière,
Ne laissant après nous qu'un souvenir certain,
Celui de nos vertus durant notre carrière. »

LIVRE SIXIÈME

I. — LA FOURMI ET LE CHARIOT EMBOURBÉ

Un chariot chargé de foin
Était bloqué dans une ornière;
Malgré jurons, coups de lanière,
Impossible d'aller plus loin.
Le cheval, impuissant, n'était pas à la fête.
« Dévouons-nous pour soulager la pauvre bête! »

Se dit une fourmi
Qui se trouvait parmi
La lourde charretée.
Et, leste, la voilà bien vite à bas sautée,
Criant au conducteur sur un ton important :
    « Tu peux avancer maintenant,
    Je ne suis plus sur la voiture. »

Que de gens sans crédit, en semblable aventure,
    Pour vous tirer d'un mauvais pas,
Se prévalent tout haut d'un pouvoir qu'ils n'ont pas!

II. — LA GUÊPE ET L'ABEILLE

A mon ami Charles Abram.

Une guêpe rencontre une abeille au verger :
    « Bonjour, cousine, lui dit-elle;
Avril est de retour : as-tu vu l'hirondelle?
Le monstre au large bec revient pour nous manger!
Nous allons, cette fois, j'espère, nous venger.
Avons-nous du venin pour être encor victimes? »
L'abeille lui répond : « A quoi bon tant de fiel?
Pour vaincre nos tyrans nous sommes trop infimes.
J'attends sans peur la mort, et je bénis le ciel
Qui reverdit les prés où la fleur me convie.
    On quitte sans regret la vie,
Quand on laisse après soi quelques rayons de miel. »

III. — LA SAUTERELLE ET LE GRILLON

Une joyeuse sauterelle
Vint inviter, de sa voix grêle,

Son ami, le petit grillon,
Qui chantait au bord d'un sillon.
« Allons nous promener, dit-elle, en la prairie,
Et voir les beaux moutons brouter l'herbe fleurie ;
Ce sont des animaux très doux,
Qui voudront bien s'amuser avec nous. »
Et les voilà partis devers la bergerie,
Sautant et folâtrant aux rayons du soleil.
Un pêcheur qui passait par là, l'œil en éveil,
Les attrape aussitôt et dit : « La bonne aubaine ! »
Il les met en son sac : tous deux à l'hameçon
Servirent dès le soir à prendre du poisson.

Le hasard rend souvent notre espérance vaine :
On cherche le plaisir, on rencontre la peine.

IV. — LE MATOU CALOMNIATEUR

La belette étrangle un poussin.
Un matou dit : « Je connais l'assassin :
C'est le roquet de la fermière.
Au point du jour je suivais la gouttière,
Quand je l'ai vu sortir du poulailler. »
Toutes les bêtes du quartier
Répandent aussitôt la nouvelle du crime,
Sans preuves, sur ces mots, le chien est arrêté.
Malgré son avocat, il fut exécuté,
Tandis qu'au chat le juge accordait une prime.

L'infâme calomnie ainsi tue en passant,
Et de traits meurtriers va frapper l'innocent.

V. — L'AIGLE ET LE LIMAÇON

Sur une haute cime, à côté de son aire,
L'aigle rencontre un jour le hideux limaçon.
Surpris, le fier oiseau du maître du tonnerre :
« Toi, lui dit-il, ici! Mais de quelle façon
  As-tu donc pu t'élever de la terre
  Et parvenir sur ce roc escarpé?
Sans ailes et sans pieds, c'est extraordinaire! »
L'autre répond : « Rien n'est plus simple : j'ai rampé! »

VI. — LE ROSSIGNOL ET L'ANE

A mon ami Louis Mercier.

Un rossignol chantait : tous les hôtes des bois
Pour le mieux applaudir accouraient à la fois,
Lorsqu'un âne passant d'un long braîment sonore
Couvrit le pur éclat de la magique voix.
Le rossignol se tut pour redire à l'aurore
Les notes qui charmaient les oiseaux d'alentour.

Un critique ignorant, c'est l'âne téméraire;
  Mais quand il a cessé de braire,
Le poète redit à la faveur du jour
Sa chanson d'espérance et son hymne d'amour.

VII. — LE VER LUISANT ET L'ABEILLE

Un ver luisant, du seuil de sa charmille,
  Vantait à l'abeille des prés
Sa robe claire et ses anneaux dorés,
Et s'écriait : « Voyez comme je brille!

Je fais pâlir l'étoile qui scintille.
— Pas tout à fait, répond la mouche à miel.
Ta vanité rampe trop loin du ciel,
Au fond de l'ombre et de la solitude. »

Tels sont aussi les courtisans
Qu'enorgueillit l'or de la servitude,
Et dont l'éclat voile la platitude :
Ils ressemblent aux vers luisants.

VIII. — LA COURGE ET LE GLAND

« Mes graines en été couvriront cette plaine
        De tiges vertes, de fruits d'or !
Disait la courge fière au gland de fructidor.
— Moi, répond celui-ci, je serai le grand chêne
Dont le front glorieux, au bout d'un siècle encor,
Protégera les nids de la forêt prochaine,
Tandis que tes enfants, comme un peuple effacé,
Dormiront pour toujours dans la nuit du passé. ».

Pareil au chêne, le génie
Prolonge ses bienfaits et sa force bénie :
Du haut de sa beauté dominant l'avenir,
Jusqu'aux siècles futurs il semble rajeunir.

IX. — LE PAPILLON ET LES ROSES

Dans un parterre, sur les roses
        A peine écloses,
Un papillon vient se poser
        Pour les baiser.

Chacune à le fêter s'empresse
Et lui rend douceur pour caresse.
Que de grâce et de sentiment
Dans ce petit Prince Charmant!
Hélas! le jour suivant, ce séducteur volage
Va porter ses baisers à d'autres jeunes fleurs,
Qu'il laisse aussi le soir se flétrir dans les pleurs!
On le chasse à la fin des jardins du village,
Et, maudit sans retour des cœurs qu'il a brisés
Par sa folle inconstance et son ingratitude,
Il périt dans la honte et dans la solitude.

X. — LE PAPILLON ET LA BÉTE A BON DIEU

A mon ami Francis Maratuech.

Dans le calice d'une rose
      Mi-close,
Le doux et beau papillon bleu,
Rencontrant la bête à bon Dieu,
Lui dit : « Bois le nectar sans briser les pétales;
Sans détruire le vase, enivre-toi d'odeur :
Admire, en t'y posant, ses fraîcheurs matinales.
Ne crains-tu pas vraiment de tuer cette fleur
      En la blessant jusques au cœur?
Pourquoi souiller ainsi ses grâces virginales?
— Ce n'est pas des parfums que je cherche en ce lieu,
Répond l'insecte vil aux élytres de feu :
Ce sont les pucerons dont je me rassasie. »

Dédaigneux de ton charme, ô fleur de poésie,
Ainsi l'homme grossier rabaisse ses plaisirs
Au seul instinct brutal qui règle ses désirs.

XI. — LES OIES ET LE CYGNE

Une oie avait couvé
Avec les siens un œuf de cygne.
Aussitôt nés, en droite ligne,
Dans l'eau d'un bassin réservé,
Les petits courent en famille
Avec leur grand frère adoptif,
Qui lourdement sur ses jambes vacille,
Tombe, se blesse et pousse un cri plaintif.
Ils le crurent longtemps oison de forte taille,
Car il avait comme eux duvet couleur de paille,
Mêmes yeux ronds, mêmes pieds plats.
Admirant ses premiers ébats :
« Ce sera, disaient-ils, la plus belle des oies! »
Honneur de leur jeune troupeau,
Le cygne en grandissant devint toujours plus beau,

Prit des plumes de neige aux nuances de soies,
Et, gracieux, superbe, au large des flots bleus,
Loin de la mare infecte où croupissent les fanges,
Solitaire, il vogua vers le golfe onduleux
Où l'air pur met sa houle et les vagues leurs franges.
Lors, envieux de sa rayonnante blancheur,
   De sa grâce, de sa souplesse,
   De sa beauté, de sa noblesse,
   La mère et les enfants en chœur,
   Du fond des flaques de la grève,
Se mirent à jaser, à cancaner sans trêve.
« Qu'il est laid! criaient-ils : voyez son col tortu,
En serpent replié sur son jabot pointu!
Contemplez son corps lourd portant sa faible tête,
Qu'orne un vilain bec noir avec un gros œil bête!
Pauvre sot, qui se croit tombé des champs du ciel! »
   Ainsi, le bec rempli de fiel,
   Clabaudait la gent barbotante.
   Le froid ni la chaleur ardente,
   Ni le vent, rien ne put calmer
   La fièvre amère de leur zèle.
« Sus à ce vaniteux! Allons le déplumer! »
Nasillait chaque jour de sa voix de crécelle
Un oison éclopé demeuré sur le bord.
  Et les voilà de crier guerre et mort,
  Et de poursuivre en son discret asile
  Le fier oiseau qui se baignait tranquille.
Ils allaient l'attaquer lorsque, au même moment,
A l'horizon doré, majestueusement,
   Une troupe de cygnes passe,
   Fendant les ondes de l'espace.
L'instinct sacré qui dort au profond de son cœur
En lui soudain s'éveille, un long frisson vainqueur
Sous ses ailes frémit comme un vent sous des voiles;
Il reconnaît alors les nobles visiteurs,

Et, joyeux, dédaignant ses lâches insulteurs,
Il rejoint leur phalange au chemin des étoiles.

Tel, stoïque et silencieux,
Le poète hué par la foule méchante :
La gloire vient un jour, immortelle géante,
Qui le prend sur son aile et le transporte aux cieux.

XII. — LE BOUVREUIL CAPTIF

Au poète aveugle Guilbeau.

Un pauvre bouvreuil, seul dans une cage,
Loin du gai soleil, loin du vert bocage,
Aveugle et chétif, songe au sort heureux
Des autres oiseaux dans les bois ombreux ;
Mais il est bercé d'un espoir suprême,
Et dans sa prison chante tout de même.

XIII. — LE LORIOT ET LE RAMIER

Un loriot bavard et médisant
(Car c'est tout un, je le dis en passant)
Rencontre un jour un ramier sur un frêne,
Et, d'un air de mystère, à l'écart il l'entraîne.
« Mon ami, lui dit-il, sache enfin ce secret :
Tout le monde médit de toi dans la forêt.
Du matin jusqu'au soir, le corbeau t'injurie ;
Contre les tiens le pic sans cesse piaille et crie ;
Le hibou te méprise et le merle moqueur
Répète sur ton compte une parole impie ;
Pour t'insulter le geai s'entend avec la pie ;
La huppe affirme au duc que tu n'as pas de cœur ;

La grive va disant que tu bois la liqueur
Qui coule du raisin mûri sous la tonnelle,
Et le coucou répand qu'époux très infidèle,
A ta tendre moitié tu causes du chagrin :
Pour tout dire, en un mot, les cancans vont leur train.
Comment les arrêter de la bonne manière?
Je voudrais, foi d'oiseau, qu'on coupe à ces méchants
La langue qui devrait ne dire que des chants.
— Ah! que ne coupe-t-on la tienne la première! »
Lui répond le ramier en s'envolant aux champs.

> *Cette réponse était fort claire.*
> *En pareil cas, il faut la faire*
> *A l'homme perfide et menteur*
> *Qui fait métier de rapporteur.*

XIV. — L'ÉDUCATION DE L'ANE

Une ânesse, excellente mère,
Se disait : « Notre vie est vraiment bien amère,
Et je veux que mon fils un jour soit plus heureux
Que ne le fut son pauvre père.
Avec des soins, du temps, j'en ferai, je l'espère,
Un noble serviteur, un coursier vigoureux,
Aussi prompt qu'un cheval et beaucoup plus docile :
Par l'éducation la chose est très facile. »
Elle va consulter une vieille jument
Qui lui conseille gravement
De choisir pour son fils une école modèle
Où, prenant les leçons des maîtres les meilleurs,
Il pourrait devenir, parmi les travailleurs,
Une bête d'élite et digne qu'on l'attelle
D'emblée au carrosse du roi.
Les beaux rêves qu'on fait alors qu'on a la foi!

« Cher enfant, soupirait cette bonne bourrique,
Il ne connaîtra pas du moins les coups de trique ! »
         Dans une écurie en renom
         Elle plaça son jeune ânon ;
Mais, malgré le dressage et l'étude et les veilles,
Gardant sa tête dure et ses longues oreilles,
Il devint le jouet de ce petit troupeau,
Et les poulains riaient quand il faisait le beau.
Avec son air niais et sa mine peu crâne,
         La tête du futur rival
         Resta toujours celle d'un âne.

Jamais on ne fera d'un baudet un cheval.

XV. — L'AVARE ET LE STATUAIRE

Au peintre L.-A. Girardot.

Un arrière-neveu de messire Harpagon
Vit un jour un sculpteur ciseler du carrare.
Le bloc s'arrondissait en une forme rare
Et montrait le profil divin d'un Apollon.
         « Quel dommage, lui dit l'avare,
D'abîmer cette pierre ! On en pourrait creuser
         Une auge pour mon écurie. »
L'artiste, que la voix du ladre vient glacer,
         Pris d'une sombre rêverie,
Vers le grossier manant se tourne curieux.
         Mais soudain, s'exclamant joyeux :
« Bonhomme, lui dit-il, regarde cette horloge :
Si trois heures durant tu veux là rester coi,
         Voici ma bourse, elle est à toi !
         Serre-la bien : je vais fabriquer l'auge ! »

Ajouta-t-il, en lui jetant son or.
Puis, farouche, à grands coups frappant au pied le marbre
    Où le génie avait pris son essor,
    Il le renverse et l'abat comme un arbre ;
    Fiévreusement, il taille, taille encor,
Tandis que le grigou, suant la male fièvre,
Immobile, pinçant le rictus de sa lèvre,
        Crispe ses doigts sur le trésor.
Du demi-dieu rêvé, dressant son front d'archange
        Sous le ciel bleu comme un flambeau,
Le statuaire avait fait un chef-d'œuvre étrange
De réalisme amer où l'art sacré se venge :
Sous les traits d'un vieillard couché sur un tombeau,
Ricanait la Camarde étreignant une bourse,
D'où coulait sur son sein, ainsi que d'une source,
Un large flot pressé de louis et d'écus.
Et la Mort semblait dire : « Insensé qui vécus
Du son de ce métal, pauvre propriétaire,
        Entends la musique de deuil
        Que fait une motte de terre
En sourdine tombant sur le bois du cercueil ! »

XVI. — LE RAT ET LA CITROUILLE.

Un rat, voyant un jour une énorme citrouille
        D'une belle couleur de rouille
        Étalée au bord du sentier,
S'écria : « Quelle aubaine ! Un superbe hollande
Que les bergers sans doute ont laissé dans la lande !
        J'ai là de quoi vivre en rentier. »
Et voilà notre rat qui ronge, lime, taille,
        Creuse, se démène et travaille,
    Tant et si bien qu'il creuse enfin un trou
    Par où sa tête enfonce jusqu'au cou.

Il s'apprête au festin; mais sous sa dent avide,
Hélas! rien que du noir : la citrouille était vide!
J'ai vu des héritiers recevoir en cadeau
Les quatre murs d'un vieux château :
Pour y vivre en seigneurs, ils entraient aux cuisines
        Et n'y trouvaient que des ruines.

XVII. — LA LEVRETTE ET LE CANICHE
DE L'AVEUGLE

A Léon Cladel.

Le dos couvert d'un veston rouge,
        Relevé d'un nœud de ruban,
Une levrette, un jour, passa devant un bouge
        Près duquel, assis sur un banc,

7

Se tenait un aveugle avec son vieux caniche.
Serrant entre ses dents la sébile d'étain,
Le chien en cet endroit, debout chaque matin,
Pour son maître implorait la charité du riche.
A voir sa mine triste et son air soucieux,
A suivre son regard pensif et sérieux,
Le passant s'arrêtant au milieu de la rue,
Le cœur pris de pitié, la conscience émue,
      Et parfois, de lui s'approchant,
Jetait dans la sébile une pièce d'argent.
On donnait à l'aveugle en caressant la bête,
      Qui se voyait à la plus belle fête
Quand au vase tintait le sou d'un écolier.
Ce spectacle touchant étonna la levrette,
Qui lui dit : « Tu fais là, certe, un vilain métier :
      Quoi! tu n'as pas honte de mendier?
      Pour comble encore, on te tient à la chaîne :
Pauvre esclave, voilà le paiement de ta peine!
Quant à moi, librement, je vais, je viens, je cours;
      Mais je reste sévère et digne,
Et méprise les gens dont la paresse insigne
Exploite le public à tous les carrefours.
      — Ma servitude est volontaire,
      Lui répond le chien fièrement :
      Elle s'appelle dévouement.
Mendier pour le pauvre, adoucir sa misère,
N'est-ce pas un courage aussi noble, aussi beau,
Que celui de montrer aux badauds sa jaquette?
Mesure-t-on l'honneur aux plis d'un oripeau?
La dignité tient-elle aux soins de la toilette?
Depuis quand un collier, fût-il doré, sculpté,
Est-il l'emblème sûr de notre liberté?
Cette corde à mon cou sert de guide à mon maître,
A ce vieillard privé des rayons du soleil;
En la brisant pour fuir, je deviendrais un traître,

Et n'aurais plus jamais le tranquille sommeil
Que je trouve à ses pieds, dans ses chères tendresses.
D'ailleurs, le pauvre aveugle est un ami pour moi ;
Sa voix fait mon bonheur, son désir est ma loi,
Et je perdrais la vie en perdant ses caresses. »
              La levrette se repentit
              De tout le mal qu'elle avait dit,
Et, saluant très bas le caniche fidèle,
Pour la première fois sentit sous la dentelle
              Et sous les ornements coquets
Ce que pèse à la nuque un habit de laquais.

XVIII. — LE RENARD ET LE HÉRISSON

Un renard affamé rencontre un hérisson
Roulé sous ses piquants à l'ombre d'un buisson.
« Bonjour, lui cria-t-il, permets que je t'embrasse ;
Mais laisse un peu tomber ces épines, de grâce !
              Tu sais que je te veux du bien :
              Approche donc et ne crains rien. »
              L'autre, d'une voix qui s'irrite,
              Répond à la bête hypocrite :
              « Si tu tiens tant à me baiser,
Casse d'abord tes dents pour ne pas me blesser ;
              Alors je mettrai bas les armes
Et de ton amitié je goûterai les charmes.
              En attendant, bon appétit ! »
Le renard, qui déjà tendait sa gueule avide,
S'en alla tout penaud, avec le ventre vide.

Ne désarmons jamais, qu'il soit grand ou petit,
Devant un ennemi perfide.

XIX. — LE RUISSEAU

A mon ami Charles Delon.

Arrosant les jardins, les champs et les prairies,
    Entre ses deux rives fleuries,
Le petit ruisseau coule en frôlant les roseaux.
Son onde fraîche et pure abreuve les oiseaux
    Et le bétail qui vient de paître.
C'est lui qui fait tourner les meules du moulin
Et lave notre linge en son flot cristallin.
    Non loin des lieux qui l'ont vu naître,
Il porte l'abondance et répand le bien-être.
    A peine un murmure discret
Trahit son cours paisible à l'ombre du feuillage;
Il n'a pas même un nom chez les gens du village,
    Mais quand au loin il disparaît,
Tout le monde lui donne un soupir de regret.
Ce ruisseau qui se cache est la charmante image
De l'homme simple et bon qui sème autour de lui
La joie et les bienfaits, sans orgueil et sans bruit.

XX. — L'ENFANT ET LA ROSE

A M. Jules Dalimier.

En cueillant une rose,
    Un enfant s'est piqué la main.
Il se met à crier sur le bord du chemin,
En regardant ses doigts que de pleurs il arrose.
Un passant veut enfin consoler sa douleur :
Il crie encor plus fort et jette au loin la fleur.
    « Vous avez tort, lui dit ce sage,
De ternir en pleurant votre charmant visage

Et de jeter la fleur qui vous aurait guéri.
   Souffrez-vous moins quand vous poussez un cri?
     Reprenez donc vos belles mines
     Et rappelez-vous bien ceci :
En ce monde, il n'est pas de roses sans épines,
De bonheur sans chagrin, de plaisir sans souci;
     Mais puisque la plus belle chose
      A toujours son revers,
Et qu'on rencontre, hélas! tant d'épines sans rose,
     Pour adoucir les maux soufferts,
Gardons au fond du cœur une espérance éclose;
Supportons la piqûre en respirant la fleur.
On ne gagne le ciel qu'au prix de la douleur. »

DEUXIÈME PARTIE

LE LONG DU CHEMIN

I. — LE GRILLON ET LA SAUTERELLE

Messire le grillon, sur le bord de son trou,
Regardait par les prés voler la sauterelle
  Et, moqueur, raillait peu ou prou
   L'effort inégal de son aile,
Lui criant d'un ton aigre à blesser un hibou :

« Tu marches comme une pauvre haridelle,
Te crois-tu donc une hirondelle ? »
La fourmi, sa voisine, en passant l'entendit
Et lui jeta ces mots : « Ton fausset m'étourdit ;
Tu ferais bien, mon cher, pour faire ta critique,
De prendre quelque temps des leçons de musique. »

II. — LE CLOU

Un écolier encor novice
Et dont la paresse est le vice,
Se plaint de ne pouvoir apprendre sa leçon :
Il se dépite, il se rebute sans raison.
Son père, un artisan plein de cœur à l'ouvrage,
Excite son ardeur, éveille son courage,
Lui montrant le devoir joyeusement rempli
Et lui prêchant d'exemple au bord de l'établi.
« Mon enfant, lui dit-il, regarde bien la pointe
Qu'à grands coups de marteau j'enfonce dans ce bois :
Je m'y reprends à plusieurs fois
Avant que cette planche à cette autre soit jointe.
Or, il en est ainsi de tout travail humain,
Soit de l'esprit, soit de la main.
Pour chasser loin de toi le mal de l'ignorance,
Il faut étudier avec persévérance.
On n'arrive au succès qu'en luttant jusqu'au bout :
C'est en frappant dessus qu'on enfonce le clou. »
L'enfant comprend alors ; il se met à l'étude
Et du travail réglé prend la bonne habitude ;
Il répète, il relit sa leçon en entier ;
Il l'apprend chaque jour avec exactitude,
Et bientôt de sa classe il devient le premier.

III. — LE HABLEUR

Un compagnon du pays de Gascogne,
Fieffé menteur et vantard sans vergogne,
Revint, quittant la ville, habiter son hameau.
Son plaisir le plus doux, sa plus chère besogne,
Était, chaque dimanche, à l'ombre d'un ormeau,
De conter aux voisins prodiges et merveilles,
Héroïques combats, prouesses sans pareilles.
« Et voici, disait-il, mon exploit le plus beau :
Un jour, dans une chasse au large de la plaine,
Voyant courir un lièvre aussi grand qu'un chameau,
Je lui saute dessus, je l'enfourche et l'amène,
Comme un simple cheval, dans la cour du château.
Nous fîmes un civet pour plus d'une semaine.
— Moi, j'ai vu mieux que ça, lui réplique un fermier :
Un champ où croît du trèfle aussi haut qu'un pommier. »
Notre homme alors sans rien laisser paraître :
« Té! parbleu! lui dit-il, je l'ai vu le premier :
C'était juste le champ où mon lièvre allait paître. »

Le hâbleur ment sans y songer :
Rien ne saurait le corriger.

IV. — LE JEUNE SINGE ET LE VIEUX MAGOT

Un jeune singe, un jour, voit passer un chameau.
Chaque bosse à ses yeux semble un trône si beau
Qu'il rêve d'y prendre sa place
Derrière un vieux magot qui déjà s'y prélasse,
Bercé comme un roi fainéant.
Notre singe est agile, il est souple et tenace ;
Mais c'est en vain qu'il saute et redouble d'audace,
Il ne peut s'élever sur le dos du géant.

Le bon magot alors, devinant sa pensée,
Lui jette un bout de corde, et la bête élancée
S'y cramponne, puis, leste ainsi qu'un écureuil,
  Grimpe là-haut en un clin d'œil
Et s'assied triomphant sur la seconde bosse.
« Bonjour, petit, dit l'autre en lui tendant la main;
Te voilà, grâce à moi, monté sur le colosse;
Nous ferons, je l'espère, ensemble bon chemin.
J'admire ton ardeur, ta force et ton adresse;
D'ailleurs, tu me parais charmant comme un amour,
Ta figure me plaît et ton air m'intéresse.
Ainsi, reste avec moi... Mais pas de mauvais tour? »
Et les voilà joyeux, installés côte à côte,
S'amusant en amis sur le dos de leur hôte.
Hélas! tout ce bonheur ne dura qu'un instant;
  Le pauvre vieux, trop tard se repentant,
    Ne tarde pas à reconnaître
    Qu'il vient de se donner un maître;
Car le nouveau venu veut être au premier rang :
Il est le plus rusé, s'il n'est pas le plus grand.
Inspiré par l'envie et bientôt par la haine,
    Il dénigre son bienfaiteur
    Et le dénonce au conducteur
Qui lui donne le fouet dès la halte prochaine,
Le relègue à la croupe et sans pitié l'enchaîne.
Cette fable paraît un des contes anciens
Qui nous viennent du temps des rois mérovingiens;
Mais trahir et payer de lâche ingratitude
Qui les tira de l'ombre et chaussa leurs pieds nus,
C'est encore aujourd'hui l'ordinaire habitude
    Des valets et des parvenus.

V. — L'ENFANT ET SON OMBRE

Un enfant, en jouant, veut attraper son ombre :
Il s'arrête, elle attend ; il court, elle s'enfuit ;
Il la touche, elle échappe ; en vain il la poursuit.
    Mais, après des chutes sans nombre,
Il détourne la tête et se met à pleurer,
En songeant à l'objet qui le fait soupirer
    Et rend son âme malheureuse.

Le bonheur est semblable à cette ombre trompeuse
Que l'enfant voudrait prendre, ainsi qu'on cueille un fruit :
Dès qu'on croit le saisir, las ! il s'évanouit !

VI. — LE MOUCHERON ET L'ABEILLE

    Un moucheron, fils de l'ordure,
    Ne subsistait que de larcin :
Tel paresseux chez nous est un peu son cousin,
Sans vergogne d'autrui tirant sa nourriture.
    Ce moucheron rencontre un beau matin
La faiseuse de miel revenant du butin,
    Lasse, brisée et hors d'haleine.
« Pourquoi donc, lui dit-il, te donner tant de peine ?
    Laisse les fleurs, fais comme moi :
Je n'ai qu'à me poser pour trouver table mise,
Et je prends, si je veux, mes repas chez le roi ;
Parfois même on me sert bonbon et friandise,
Fruit parfumé, liqueur et confiture exquise. »
L'abeille lui répond : « Honte et malheur à toi,
    Vil mendiant qui vas traînant ta vie
Dans le désœuvrement, le vol et l'insanie !

Tu n'es qu'un parasite, un être malfaisant ;
L'homme poursuit partout ta race en t'écrasant ;
S'il bénit mon travail, il maudit ta paresse.
Mais l'hiver va venir, amenant ta détresse :
Tu périras bientôt de misère et de froid. »
En achevant ces mots, l'abeille industrieuse
Quitte l'écornifleur à la hâte, et, tout droit,
Au foyer qui l'attend elle rentre joyeuse.
Elle avait bien prédit la proche et triste fin
          De la bestiole insoucieuse :
Lorsque le vent du nord souffla dans le ravin,
Le moucheron transi se vit mourir de faim.

VII. — L'ENFANT AUX NOISETTES

IMITÉ D'ÉPICTÈTE

A mon ami Octave Lenoir.

Un vase à col étroit contenait des noisettes :
Pour trouver ce trésor, pas besoin de lunettes.
Un bambin l'aperçoit : sans attendre à demain,
Aussitôt pour l'avoir il y plonge la main,
La remplit et s'apprête à jouir de l'aubaine.
Hélas ! notre gourmand ne peut la retirer !
Il demeure béant, se met à soupirer,
Gémit sur son malheur et raconte sa peine.
Un mendiant, qui ronge à même un tronc de chou,
          Lui dit : « Mon pauvre enfant, es-tu donc fou ?
                    Crois-moi, ton erreur est certaine :
Si des fruits convoités tu veux avoir l'étrenne,
N'en prends que la moitié pour repasser le trou.
Tu ne peux rien avoir, si tu veux prendre tout. »

Voulons-nous profiter des bienfaits de la vie,
Modérons nos désirs et réglons notre envie.

VIII. — LE CHAT, LA CANE ET SES PETITS

Dans les eaux d'un étang limpide,
Une mère canard promenait ses petits.
Accroupi près du bord, un chat, brigand avide,
Suivait leurs gais ébats d'un long regard humide
Et semblait écouter le joyeux clapotis
Qui s'élevait de l'onde au rythme de leurs ailes.
Le perfide attendait pour les croquer, l'instant
Où les petits canards sortiraient de l'étang.
Mais la cane veillait, craignant ses dents cruelles.
« Qu'as-tu donc, lui dit-elle en s'approchant de lui;
     Tu parais bien triste aujourd'hui :
On dirait que des pleurs ont mouillé tes prunelles.
— Ah! répond-il, la peur que je viens d'essuyer
     M'a mis en des transes mortelles,
Car je tremblais de voir tes enfants se noyer !

Heureusement, je suis rassuré sur leur vie :
Je vois bien à présent qu'ils savent tous nager. »
Et le chat se levant, bien qu'il brûlàt d'envie
       De les manger,
Alla sécher ses yeux sur un arbre au verger.

Quand le chat s'attendrit, malheur à qui s'y fie!
Ces mots, chez les canards, sont maxime suivie;
Je les traduis pour nous en termes moins heureux :
Un méchant hypocrite est cent fois dangereux.

IX. — LA LAIE ET LA LIONNE

D'après Lessing.

   « J'ai douze enfants », disait la laie à la lionne,
      « Et toi, tu n'as qu'un rejeton. »
      L'autre répond : « C'est vrai, matrone,
      Mais mon petit est un lion. »

X. — LE CHIEN ET LE CHAT ALLIÉS

Chien et chat ne sont pas amis;
Lorsqu'ils s'accordent, c'est tant pis.
On le verra par mon histoire;
Mettez-vous-la dans la mémoire.

Un chat détestait un basset
Qui lui rendait haine pour haine.
Un jour, dans la forêt prochaine,
Tous deux trouvèrent un lacet
Au bout de certaine baguette.
Ils pensèrent : « C'est un engin
Pour attraper maître lapin,
Quand il s'en va brouter l'herbette. »

« Faisons la paix, dit le matou,
Nous nous partagerons la bête.
— C'est ça! tiens-toi devant le trou,
Répond le chien qui déjà guette;
Quant à moi, je reste en vedette :
Pas moyen de manquer le coup! »
On eut vite fait de s'entendre :
Coquins sont nés pour se comprendre.
Voilà notre innocent gibier
Qui débouche dans le sentier.
D'un bond sur lui le chat s'élance
Et l'étrangle d'un coup de dents.
Le chien accourt à la bombance,
Et le pacte de l'alliance
Fut scellé par les deux brigands
Avec le sang tout chaud du crime
Sur les restes de leur victime.

XI. — LE RENARD ET L'OISON

A M. Georges Merciéca.

En chien de garde déguisé
Un renard perfide et rusé
Entre un matin sans crier gare
Dans la basse-cour d'un fermier.
Laissant poules et coqs en paix sur le fumier,
Le fourbe à pas de loup s'approche de la mare,
Avise un jeune oison que sa présence effare,
Le rassure d'un mot et d'un ton exalté :
« Ah! dit-il, le beau cygne et le brillant plumage!
Quelle grâce adorable et quelle majesté!
Par Apollon! n'est-ce pas grand dommage
Qu'un oiseau dont l'éclat fait pâlir le soleil
Ternisse sa blancheur dans un bourbier pareil?

Passe encor, je veux bien, pour le canard et l'oie
Que dans la boue on voit barboter à cœur joie,
  Souillant leurs ailes n'importe où;
  Ce sont là gens de bas étage :
  La fange, hélas! est leur partage;
Mais toi, croupir ainsi dans cet infect égout! »
Le volatile alors, en redressant le cou :
« Oui, l'on a dit souvent que mes plumes sont blanches,
Mes gestes distingués, mon maintien de bon goût,
Et même on entendra des personnes très franches
  Reconnaître de bonne foi
  Que je mérite un autre emploi,
Où je pourrais montrer certain air de noblesse.
  D'ailleurs, tu l'as bien deviné :
Ce n'est pas pour ce trou, certes, que je suis né.
Tout me déplaît ici, me répugne et me blesse :
Que ne puis-je quitter un état qui m'abaisse?
— Eh! sans doute, ta place est au jardin du roi :
J'y vis plus d'un oiseau moins élégant que toi.
— Ah! peux-tu me conduire au sein de cet asile
Où mes dons naturels, en pleine liberté,
Feraient mieux ressortir l'éclat de ma beauté?
— Je t'offre ce service, et ce m'est bien facile :
  Le chien de cour qui garde le bassin
  Est justement mon plus proche cousin.
Allons, suis-moi, beau cygne, et partons pour la gloire. »
  Le renard, vous pouvez m'en croire,
Pour guérir le pauvret de sa naïveté,
  N'alla pas loin dans la prairie.
  Victime de sa vanité,
L'oison apprit trop tard que toute flatterie
  N'est que mensonge et tromperie.

XII. — LES DEUX FOURMIS ET LE GRAIN DE BLÉ

A M. Élie Rabier.

Deux fourmis qui faisaient leur quête
Rencontrèrent un grain de blé.
Voilà notre couple attelé,
Tirant des pieds et de la tête.
Hélas! vains efforts, grand chagrin :
A peine on fait bouger le grain !
Il faut donc demander de l'aide.
A leur appel, deux sœurs fourmis
Accourent avec des amis.
Chacun lutte : le fardeau cède
Et dans la cave ést bientôt mis.
Le grain fut conservé; l'on grava sur l'écorce
Ces mots chers aux fourmis : « L'union fait la force. »

XIII. — L'HIRONDELLE DE MER ET LE MARTINET

L'hirondelle de mer vantait son blanc plumage,
    Le martinet son manteau noir.
Chacun d'eux s'admirant au liquide miroir
A celle du voisin préférait son image
Et réclamait pour soi le prix de la beauté.
    Une pareille vanité
Chez les oiseaux, dit-on, est parfois en usage :
Mais l'homme, sur ce point, est-il beaucoup plus sage?
Ainsi nos deux rivaux, faisant les glorieux,
Se pavanaient, se rengorgeaient à qui mieux mieux.
    Pour terminer cette querelle,
On alla consulter la douce tourterelle,
Qui leur dit : « Je vous vois surtout avec mon cœur;
J'hésite à qui donner la palme du vainqueur.
    Prenez plutôt pour arbitre la pie :

Aussi noire que blanche, elle peut mieux juger. »
Ainsi fut fait. Margot, qui n'a pas la pépie,
        Se chargea de les arranger.
Grave, elle dit : « Le noir est trop triste et trop sombre;
C'est lui qui vêt de deuil les fantômes de l'ombre,
Et qui marque le front des taches du remords;
C'est l'hiver et la nuit, c'est la tombe et la mort.
Quant au blanc, sa trop claire et trop vive lumière
Eblouit, trouble, aveugle et brûle la paupière.
Il faut sur votre robe, en tons harmonieux,
Mêler le noir au blanc, comme la mienne est faite :
Vous serez beaux tous deux et tous deux gracieux.
— Ce vilain croque-mort vient nous la bailler belle!
Pour moi, je le récuse; adieu! » dit l'hirondelle.
« Ce déplaisant robin ose nous outrager!
Dit l'oiseau noir; adieu! moi je pars en voyage. »
Ils s'en allèrent dos à dos, et n'ayant cure
D'entendre son discours encor se prolonger.

        Chacun trouve bien sa figure;
Même pour l'embellir, nul n'en voudrait changer.

XIV. — LE BŒUF ET LA MOUCHE

Un bœuf paissait le long d'un pré,
Quand sur sa tête une mouche se pose :
        « Si je te gêne en quelque chose,
Parle, lui dit l'insecte, et je m'envolerai. »
Le bœuf répond tranquille à la mouche empressée :
        « Bien, ma petite, je t'entends,
Tu fais assez de bruit depuis quelques instants;
Mais dis-moi donc sur quelle corne es-tu posée? »

Avis aux gens de rien qui font les importants.

XV. — LA FUMÉE

A M. Gustave Fautras.

« Père, où va donc, dis-moi, cette fumée
Qui flotte lentement le matin sur les toits
Et s'élève bientôt au-dessus des grands bois,
Au caprice du vent agitant la ramée?
— Elle passe, mon fils, légère, à l'horizon,
Plus ou moins radieuse au gré de la saison,
Se disperse en flocons et peu à peu s'efface
      Dans les profondeurs de l'espace.
Telle est la gloire, enfant, qu'un vain rêve poursuit :
Le vent des âges passe, elle s'évanouit! »

XVI. — L'ANESSE ET SON MAITRE

« Il faut manger quand on travaille :
Tiens, ma vieille, prends cette paille;
Régale-toi, voici ton repas préféré;
Tu peux festiner à ton gré. »
Ainsi parlait un rustre à sa pauvre bourrique,
A l'heure du dîner, après les coups de trique.
Mais un jour le baudet fâché :
« Si je mange, dit-il, cette paille d'épeautre,
C'est que ta main jamais ne me servit rien d'autre.
Donne-moi donc du foin haché
Avec un peu de son, d'avoine ou d'herbe fraîche,
Et tu verras si je boude à la crèche. »

Auteurs de feuilletons, écrivains, romanciers,
Mettez dans vos écrits art et délicatesse :
Le public est pareil à cette bonne ânesse,
Qui préfère l'avoine aux fourrages grossiers.

XVII. — LES DEUX TORTUES

Une tortue, un beau matin,
Défia sa sœur à la course.
On choisit pour but une source
Et pour juge maître Lapin.
Les voilà donc hors du jardin,
Dans le même sentier, à travers la prairie,
Peinant, s'évertuant, luttant à qui mieux mieux
Sous les regards des curieux.
Le juge, en attendant, broutait l'herbe fleurie,
Laissant les parieurs ardents et soucieux.

Hélas! à mi-chemin, nos deux bonnes amies
Avaient quitté la piste et s'étaient endormies.
« Pauvres gens, dit le lièvre en allant se coucher,
Avant que de courir, apprenez à marcher. »

XVIII. — LE DINDON MÉDISANT ET LE VIEUX COQ.

Un dindon envieux, sournois et médisant,
Se pavanait devant un troupeau de volaille,
 Et, d'une voix qui siffle et raille,
 Dénigrait un vieux coq absent
Et jetait sur son nom le mépris et l'outrage.
« Oui, disait-il, ce coq n'eut jamais de courage;
On le croit brave et fort, mais ce n'est qu'un poltron
Qui cache sa faiblesse avec sa couardise
 Sous des dehors de fanfaron.
Le moindre point dans l'air lui donne une peur grise
 Et le fait trembler pour sa peau.
Malgré sa crête en l'air, flottant comme un drapeau,
 Et ses gestes de mousquetaire,
 C'est un oiseau sans caractère :
J'ai souvent rabattu l'orgueil de ce vieux beau :
 Ah! je plains les pauvres poulettes
Qu'il protège si mal et laisse ici seulettes! »
Là-dessus, notre coq, qui revenait des champs,
Entendant quelques-uns de ces propos méchants,
Marche droit au dindon, qui, la tête très basse,
Vient lui faire sa cour avec servilité :
« Dindon, merci, dit-il, de ta grande bonté!
J'admire ta souplesse et ton aimable grâce.
Mais on dit tant de bien de ta noble fierté,

Que je veux aujourd'hui faire mieux connaissance
          Avec l'acier de tes ergots.
Allons, as-tu donc peur de mes coquericos?
Viens ça, mon brave, en garde! et montre ta vaillance! »
A ces mots, le vieux coq sur le dindon s'élance,
Le plume haut et court de la belle façon
Et lui chante, vainqueur, en guise de leçon :
« Souviens-toi du vieux bec qui t'a donné la danse,
Et ne dis plus jamais en l'absence d'autrui
Ce que tu ne pourrais répéter devant lui. »

XIX. — L'ÉGLANTINE ET LES FLEURS DU FRAMBOISIER

Déployant au soleil sa superbe corolle,
Près des petites fleurs de l'humble framboisier,
          Une églantine à l'air altier
Dédaignait par mépris d'adresser la parole
Aux roses sans éclat couronnant son voisin.
          « Ne suis-je pas la reine du jardin?
Pourquoi donc m'abaisser à cette populace? »
Se disait l'orgueilleuse en s'ouvrant le matin.
Mais l'été vient, les fleurs aux fruits bientôt font place :
Ceux du bon framboisier, mielleux et parfumés,
Dignes d'être servis aux tables des gourmets,
Et ceux de l'églantine âpres, rêches, acerbes,
Bons au plus à pourrir en tombant dans les herbes.

La vertu des enfants ennoblit la maison,
Et c'est l'honneur des fils qui dore son blason.

XX. — LE SULTAN ET LE DERVICHE

IMITÉ D'UN APOLOGUE DE LATIFÉ NAMÉ

A Edmond Thiaudière.

Se promenant un jour
Dans la campagne avec sa cour,
Un sultan admirait les fécondes prairies,
Les jardins, les vergers, les collines fleuries,
Tout le vaste domaine où régnait son pouvoir,
Quand, arrivé non loin d'un antique manoir
Écroulé sous la ronce et rongé par le lierre,
Il voit un vieux derviche assis sur une pierre
Et tenant dans ses mains une tête de mort.
Le vieillard immobile, en un profond silence,
Considérait ce crâne où la nuit se fait dense
Et semblait d'un œil triste interroger le sort.
« Que fais-tu là ? » lui dit le sultan qui s'étonne.
L'ermite, redressant son front pâle où rayonne
Un reflet du regard divin :
« Prince, lui répond-il, je cherche, mais en vain,
Si cette tête vide où bouillonna la lave
De la pensée ardente et de l'orgueil humain,
Est celle d'un monarque ou celle d'un esclave. »

LIVRE DEUXIÈME

I. — LE JARDINIER, SON FILS ET LE TUTEUR

A M. Jules Poirier.

Un sage jardinier plante un bois protecteur
Au pied d'un arbrisseau qu'il redresse avec force,
Afin de le lier au robuste tuteur.
« Pourquoi, lui dit son fils, blesser ainsi l'écorce?
A tant le tourmenter tu causeras sa mort.
— Non pas, répond le père, il deviendra plus fort

Et portera des fruits de qualité meilleure.
En se courbant à l'ombre, il ne saurait pousser :
Pour relever son front au grand air qui l'effleure,
    Plus tard, il faudrait le briser. »

Ainsi du jeune enfant qu'on corrige et qui pleure :
C'est quand il en est temps qu'il faut le redresser.

II. — L'ENFANT ET LE TAMBOUR

A M. F. Dubus.

Émile avait reçu pour sa fête un tambour;
    Et ran tan plan ! tant que dure le jour,
Voilà notre bambin qui, sur la peau sonore,
    A tour de bras frappe et refrappe encore.
Ah ! le joli tapage ! — et quel vacarme affreux !
    Plan ! ran tan plan ! il se sent très heureux.
Un jour, voulant montrer à sa bonne marraine
Son adresse et sa force à ce jeu qui l'entraîne,
    L'enfant, qui se croit un héros,
Frappe tant et si bien que le tambour en crève !
Gros chagrin, qu'on ne peut calmer par des sirops !
Adieu tout ce bonheur qui n'est plus qu'un beau rêve !

Domptez vos passions, modérez vos désirs :
La douleur naît toujours de l'excès des plaisirs.

III. — LE SINGE ET LE CHIEN

Bertrand disait au chien, la bonne créature :
« Malgré mes jeux charmants, l'homme médit de moi;
Il répète partout que laide est ma figure,
Et se sert de mon nom comme terme d'injure;
    Je voudrais bien savoir pourquoi.

— C'est, lui répondit le chien, que ton rire est grimace,
Et que tu fais la nique à tout enfant qui passe;
Ton air étant peu franc, chacun doute de toi.
Sache qu'on hait la raillerie,
Quand la méchanceté la tourne en moquerie. »

IV. — LE MERLE A LA PIPÉE

Un merle se fait prendre un jour à la pipée.
A ses cris de détresse accourent ses enfants;
Mais de leur salut seul son âme est occupée.
« Gardez-vous, leur dit-il, de ces pièges savants
Où, comme un tendre appel, la voix de l'oiseleur,
Caressante et trompeuse, en chantant nous attire!
Si mon malheureux sort du moins peut vous instruire,
Je bénirai, captif, ma cage et ma douleur. »
Chacun des orphelins en silence soupire,
Jurant de profiter de la triste leçon.
Bientôt plus d'un l'oublie, et, trop sûr de son aile,
Séduit le lendemain par une ritournelle,
Tombe aux mêmes filets, dans le même buisson.

La dure expérience et les conseils d'un père
Devraient de ses enfants éclairer la raison;
Mais trop souvent, hélas! ils n'en profitent guère.

V. — LA LECTURE DU CORAN

Certain soir, devant ses parents
Et ses frères, petits et grands,
Sadi lisait, pieux et grave,
Un des chapitres du Coran,

Des versets qu'à peine il comprend.
Ses frères, à la fin, sommeillant sans entrave :
« Père, vois donc, dit-il, ils se sont endormis,
Tandis que moi je prie, à tes ordres soumis. »
Le père lui répond d'une voix triste et tendre :
« O mon fils bien-aimé, ne vaudrait-il pas mieux.
  Dormir aussi, sans rien entendre,
Que de te prévaloir de ton zèle orgueilleux ? »

VI. — L'OISELEUR ET LES DEUX PINSONS

A M. Louis Machuel.

Un oiseleur avait pris deux pinsons,
 L'un déjà vieux et l'autre jeune encore.
Tous deux ayant la voix agréable et sonore,
Il se dit : « Comme ils vont répéter mes chansons ! »
  Et sur-le-champ il prend sa serinette,
   Pour leur apprendre une ariette.
   Après quelques leçons,
  Le plus jeune sait à merveille
Les sons que l'instrument envoie à son oreille,
Puis il chante bientôt, sans en rien oublier,
  Tous les couplets du répertoire.
L'autre, au contraire, essaie en vain d'étudier :
Hélas ! il est trop vieux, il n'a plus de mémoire !
Pas le moindre refrain ne lui reste au gosier.

Instruisez-vous, enfants, pendant votre jeunesse :
 Il est trop tard quand survient la vieillesse.

VII. — LE PAON, LE COQ ET LE CHAT

A M. Charles Merlet.

Un paon faisait le beau, déployant son plumage
Devant la basse-cour qui lui rendait hommage.
Un coq, non loin de là s'en allait fièrement
    Sans recevoir le moindre compliment,
Lorsqu'un chat tout à coup saute sur la volaille.
Poules, poussins, tout fuit avec le paon qui piaille.
      Mais notre coq, qui n'a pas peur,
      Fondant d'un trait sur le voleur,
Du bec et des ergots le force à la retraite.
Chacun acclame alors le vaillant défenseur.
Celui-ci se retourne et, redressant la tête :

« Que pensez-vous, dit-il, du poltron à l'aigrette?
Voyez-vous maintenant d'où vient sa vanité?
Ma gloire est dans mon bec et non pas dans ma crête! »

C'est le courage seul qui donne la fierté.

VIII. — L'ARAIGNÉE ET LE VER A SOIE

A Stanislas Millet.

« Regarde donc : ma toile est faite en un clin d'œil! »
Disait au ver à soie une jeune araignée.
Mais le ver en ces mots rabattit son orgueil :
« Tu dis vrai : vite faite... et vite balayée! »

Ce qu'on fait trop rapidement
Ne dure jamais qu'un moment.

IX. — LE MERLE VIRTUOSE

Dans sa forêt natale un merle virtuose
Revint un jour chanter ses plus douces chansons.
Grives, linots, bouvreuils, mésanges et pinsons,
Accourus des jardins que parfume la rose,
Des bosquets et des parcs, des champs et des buissons,
Acclamèrent en chœur son hymne de victoire,
Et l'artiste connut son plus beau jour de gloire.
Seuls, les merles moqueurs, cachés dans un taillis,
Mêlèrent leurs sifflets aux bravos de la fête.
« Parbleu, dit en passant la gentille fauvette,
Nul n'est prophète en son pays! »

X. — LE VER LUISANT ET LE CRAPAUD

Au fond d'une sombre charmille,
Comme une étoile d'or tombée un jour des cieux,
Un ver luisant paisiblement scintille,
Lorsqu'un crapaud s'approche et sur lui, furieux,
Crache sa bave meurtrière,
Éteignant tout à coup le foyer de lumière.
L'insecte, en expirant, lui dit : « Monstre odieux,
Lâche, que t'ai-je fait ? — Rien, répond l'envieux,
En regagnant le fond de son ornière,
Mais ton éclat trop vif me faisait mal aux yeux. »

XI. — LA BROUETTE ET LA VOITURE

A. M. Alexandre Tuetey.

Une brouette vide avec peine poussée
Passe au milieu de la chaussée,
Grince, crie et roule à grand bruit;
On devine pourquoi : sa roue est mal graissée.
Une voiture pleine en silence la suit
Et lui dit : « Tais-toi donc, brouette sans vergogne !
Toi qui ne portes rien, retourne en ton réduit. »

Tel fait beaucoup de bruit qui fait peu de besogne.

XII. — LE CHAT ET LE CHIEN VOLEURS

Certain matou, fieffé voleur,
Malgré ses airs de bon apôtre,
Un jour, avec un chien, comme lui maraudeur,
A leur maître commun se dénonçaient l'un l'autre.
« Tu me griffes au nez ! — Tu me mords le museau !
— Il a volé le lard ! — Il a pris le morceau !

9

— Étrangleur de poulets! — Ravisseur de gélines! »
« Vous êtes deux larrons! dit le maître à la fin,
Et je ne sais lequel est le plus vil coquin.
Votre bassesse encor dépasse vos rapines! »
Là-dessus, ajustant et le chat et le chien,
D'un coup double il envoie au trépas cette engeance.

Fripons, dénoncez-vous, certes vous ferez bien :
Sur vous retomberont vos projets de vengeance.

XIII. — LA CHOUETTE ET L'ALOUETTE

« Dis-moi donc le secret de la franche gaîté
Qui fait vibrer ta voix sous le ciel enchanté, »
    Demande un jour à la vive alouette
    La ténébreuse et maussade chouette;
« Moi je suis toujours triste, et, malgré mes désirs,
Je hais le clair soleil et je fuis les plaisirs. »
La chanteuse répond du sein de la lumière :
« C'est qu'en haut, vers l'azur, élevant ma paupière,
A travers les rayons je vois la vie en beau;
Hélas! tandis que toi, ma pauvre solitaire,
Tu tournes tes regards vers l'ombre de la terre,
Où tu t'ensevelis comme dans un tombeau! »

XIV. — LE CHIEN DE BERGER ET LE CARLIN

Un soir, en revenant de paître les brebis,
    Un chien de berger fut surpris
Par un carlin jappant : « Vieux galeux! sale bête! »
Mais l'aboyeur eut beau l'assaillir de ses cris,
Il passa son chemin sans détourner la tête.
Un danois, entendant ces insultes, lui dit :

« Comment peux-tu souffrir une injure pareille? »
L'autre lui répondit : « Il est bien trop petit,
Et ne vaut même pas qu'on lui tire l'oreille.
Ce n'est pas les roquets qu'on redoute chez nous :
   Je garde mes dents pour les loups. »

XV. — L'ENFANT ET L'ABEILLE IRRITÉE

A M. Michel Mourlevat.

   Dans sa course sur le gazon,
   Un jeune enfant frôle une abeille.
    « Vit-on jamais brute pareille?
  Cet insolent mérite une leçon!
  Malheur à toi, méchant qui m'as blessée! »
  S'écrie alors la mouche courroucée,
  Qui, tout à coup, fondant sur le gamin,
Le poursuit et s'efforce à lui piquer la main.

Mais, d'un revers de bras, il se met en défense.
Toujours plus irritée, elle vole, s'élance,
Et laisse dans le drap sa rage... avec son dard.
Elle tombe, elle expire et se dit, mais trop tard :
           « J'ai mal employé ma vaillance;
Me venger pour si peu n'était pas de saison. »

La colère toujours aveugle la raison.

XVI. — LA CHENILLE ET LE PAPILLON

Une chenille avait rampé sur une rose,
Lorsqu'en passant un papillon s'y pose.
« O larve immonde, objet de dégoût et d'horreur!
Lui dit l'insecte ailé sur un ton de fureur,
De quel droit viens-tu donc répandre ta souillure
Dans le sein parfumé de la reine des fleurs ?
Oses-tu bien ternir l'éclat de ses couleurs ?
Va-t'en, monstre maudit, fils d'une race impure !
           — Ami, ne fais pas tant le fier,
           Lui répond doucement le ver :
Sache bien que je suis de ta propre famille,
Car avant de voler tu n'étais que chenille! »

XVII. — LE CHIEN HARGNEUX

           Azor est un superbe chien,
           Mais d'un très mauvais caractère,
Indocile, emporté, sournois et volontaire.
           A propos de tout et de rien,
Il aboie, il insulte, il attaque, il déchire;
Mordant les uns au flanc, les autres au jarret,
Ce vilain compagnon partout se fait maudire.
Un jour, traîtreusement, sur un gros chien d'arrêt

Il saute furieux, comme un fauve en délire.
L'autre pousse un long cri, tout d'abord étonné,
Mais contre l'agresseur vite il s'est retourné
Et d'un fort coup de dents lui coupe en deux l'oreille.
Le roquet fuit, montrant sa blessure vermeille,
Et va tout droit se plaindre à son père en hurlant.
Celui-ci lui répond : « J'en ai l'âme navrée :
Chien hargneux a toujours l'oreille déchirée !
Le maître a pour ta plaie un remède excellent :
Il ne peut te guérir qu'en te bien muselant. »

XVIII. — LE CHIEN QUI S'ENNUIE

A M. Delorme.

Tom est un jeune chien de figure gentille,
Le favori charmant de toute la famille.
Aimé pour sa douceur et sa docilité,
      Comblé de soins et de caresses,
      Toujours choyé, toujours fêté,
Il semble très heureux au sein de ces tendresses.
Cependant il s'ennuie à garder le foyer,
Seul avec les enfants, loin des chiens du quartier.
Un beau jour il s'échappe et rejoint dans la rue
Un roquet mal famé qui l'invite à ses jeux.
Il l'imite bientôt par son humeur bourrue,
Et devient comme lui turbulent et hargneux.
Aux jambes d'un passant avec l'autre il se jette,
Poussant des cris de rage : un grand coup de bâton
      Le fait bientôt changer de ton
      Et l'oblige à battre en retraite.
Au logis regretté Tom revient en songeant
Qu'il vaut mieux rester seul que de suivre un méchant.

XIX. — LE BOUTON D'OR ET LA VIOLETTE

A petite Simonne d'Albas.

« Pourquoi te caches-tu ? Ne reste plus seulette
A l'ombre du buisson qui te dérobe aux yeux ;
Viens aux prés, parmi nous, respirer l'air des cieux. »
Ainsi parlait à la modeste violette
Le bouton d'or ouvert aux rayons du printemps.
« Je ne désire rien, répondit la fleurette ;
Libre auprès de mes sœurs, dans ma fraîche retraite,
Loin du passant frivole aux désirs inconstants,
Je passe en paix mes jours, sans trouble et sans envie.
Si parfois une main blanche et pure d'enfant
Me découvre et me cueille en un geste fervent,
Je parfume aussitôt celle qui m'a ravie,
Et je meurs sur son sein sans regretter la vie. »

XX. — L'ENFANT ET L'ARC-EN-CIEL

Un jour, après un temps d'orage,
Un jeune villageois ramenait son troupeau
A travers champs, vers le village,
Lorsqu'il vit l'arc-en-ciel éclatant et si beau,
Dont la courbe s'abaisse au pied de la colline.
« Oh ! se dit tout joyeux notre jeune berger,
On m'a dit qu'à l'endroit où l'arc-en-ciel décline
Et va touchant le sol comme pour s'y plonger,
On découvre une source où se cache une fée,
De brillants diamants et de perles coiffée,
Qui sème le chemin de fleurs et de bijoux
Et donne à qui l'approche en baisant ses genoux
Une coupe en rubis et de pièces d'or pleine.
C'est là qu'est le bonheur : adieu toute ma peine !

Je suis las de souffrir et de rester chez nous. »
Et le voilà courant, courant à perdre haleine
Au trésor sans pareil qui l'attire là-bas.
O prodige sans nom, et qu'il ne comprend pas !
Les rayons colorés reculent dans la plaine
Et, toujours plus charmants, paraissent fuir ses pas !
Mais il espère encore et, poursuivant sa course,
     Il veut atteindre avant le soir
     Les bords merveilleux de la source.
Hélas ! la nuit arrive, il fait sombre, il fait noir ;
Le pauvre enfant se perd, s'enfonce en un marais
Et tombe exténué loin des champs et des prés,
Les yeux en pleurs, toujours fixés sur son beau rêve !

   Nous ressemblons à cet enfant
Parti vers l'avenir, plein d'espoir triomphant :
Comme lui, vainement, nous recherchons sans trêve,
   Sous le reflet fascinant des rayons,
Les faux trésors promis à nos illusions,
Et quand nous arrivons au soir de notre vie,
Nous mourons, maudissant la chimère suivie,
En regrettant la paix de nos humbles sillons.

LIVRE TROISIÈME

I. — LE MUSCARDIN, LE LOIR ET L'ÉCUREUIL

> Un pauvre petit muscardin,
> Honnête père de famille,
> Malgré travail, peines et soin,
> Était tombé dans le besoin.
L'orage avait un jour dévasté sa charmille;
La bise était venue, accrochant aux buissons
Les givres de l'hiver et les tristes glaçons.
Plus de tendre bourgeon, plus de verte brindille!

Au bout des branches, plus de baies !
Les noisettes étaient tombées
Avec les faînes sur le sol
Recouvert d'une neige épaisse.
Hélas ! comment sortir d'une telle détresse?
Plutôt mourir de faim que recourir au vol !
Il restait un moyen suprême :
Demander un secours à son voisin le loir.
(Que ne ferait-on pas pour sauver ceux qu'on aime?)
C'était un vieux garçon, grignotant son avoir
Dans les délassements de la philosophie,
En tranquille rentier, ne songeant qu'à s'asseoir
Le plus longtemps possible au banquet de la vie.
Après avoir ouï le triste mendiant,
Il lui dit en le renvoyant :
« J'ai beaucoup dépensé dans un voyage à Rome
Et ne puis aujourd'hui vous prêter cette somme ;
J'en suis vraiment bien désolé.
Sans doute, j'ai gardé quelques économies,
Des racines, des noix avec des grains de blé
Venant de mes parents ou d'autres mains amies ;
Mais les hivers sont longs et rudes à passer,
Et celui-ci ne fait encor que commencer.
Que n'êtes-vous venu me voir l'autre semaine?
Je vous aurais avec plaisir tiré de peine. »
Le malheureux rongeur sortait désespéré,
Quand un brave écureuil, qui l'avait rencontré,
Apprit par un voisin sa misère et sa gêne.
« Viens avec tes enfants, dit-il avec bonté ;
Grimpez là-haut, sur mon vieux chêne ;
Jusques à la saison prochaine
Vous vivrez de ma pauvreté.
Ma famille sera la tienne ;
En frères, nous partagerons
Le peu de fruits que nous aurons.

A pauvres gens, maigre liesse;
Mais le contentement vaut mieux que la richesse. »
Quelle joie à ces mots, à ce touchant accueil!
Quelle reconnaissance envers notre écureuil
Apportant au malheur son cœur et sa tendresse!

C'est ainsi que parfois la sainte pauvreté
T'abrite sous son toit, divine charité.

II. — LA POUPÉE QUI RIT

Lucy possède une merveille,
Une belle poupée, à peu d'autres pareille.
Par un mécanisme savant,
Ce bébé marche, parle et rit comme un enfant;
Il incline la tête et fait la révérence,
Tend les bras, les retire, ouvre et ferme les yeux;
Il s'assied et se lève avec grande assurance,
Puis envoie un baiser en faisant ses adieux.
Comme une mère vigilante,
Lucy le soigne avec un tendre dévouement,
Le berce, le dorlote et, d'une main tremblante,
Écarte de ses pas tout objet de tourment,
Et soutient sans faiblir sa marche chancelante.
A vrai dire, entre nous, elle le gâte un peu
Et lui passe en secret trop souvent ses caprices.
Il ne travaille pas; elle le laisse au jeu
Et lui pardonne tout, jusqu'aux pires malices.
Il en fait à son gré sans qu'on lui dise rien;
Il connaît sa maman, et sa ruse est profonde :
Vite il se met à rire, aussitôt qu'on le gronde;
Et c'est ainsi vraiment qu'on élève un vaurien.
Un jour pourtant, Bébé, trompant la surveillance
De sa maîtresse, court sur le parquet, s'élance,
Glisse, trébuche, tombe et se casse le nez.

Voilà la pauvre mère en larmes, sans paroles,
Et qui souffre en sa chair des coups qu'il s'est donnés.
Enfin elle se penche et le prend aux épaules,
Doucement le relève et le remet debout.
Croyez-vous qu'il soit triste et pleure? Pas du tout.
Sa figure sans nez se met encore à rire!
Oh! la méchante enfant! Son cœur est-il d'airain?
La maman, cette fois, pour guérir son chagrin,
Trouve une grande idée où son âme s'inspire.
Elle la met au lit et, tirant le rideau,
Elle lui fait couler aux yeux des gouttes d'eau;
Puis elle sort, revient, la reprend et l'habille.
« Voyez, dit-elle, elle a pleuré! C'est rien, ma fille!
Console-toi, chérie! Il ne faut pas mouiller
Ainsi sa belle robe : un nez, cela repousse,
Et puis tu l'avais tout déteint avec ton pouce.
Allons, ne pleure plus, nous allons t'essuyer! »

Trop de mères, gâtant leurs enfants indociles,
Trouvent à leurs défauts mille excuses faciles.

III. — LA POMME VERMOULUE

Dans un verger, un jeune enfant avec son père
Se promenait un jour à la saison d'été.
Celui-ci, visitant sa récolte prospère,
Lui faisait admirer les beaux fruits qu'il espère :
Cerise de corail, pêche au teint velouté,
Abricot jaunissant, prune déjà pourprée,
Poires et chasselas pendant à l'espalier.
Tout à coup, accourant près d'un petit pommier :
« Vois, papa, dit l'enfant, cette pomme dorée;
Elle est mûre; je puis la cueillir, n'est-ce pas? »
Il s'approche, il étend la main, touche la branche :
La belle pomme tombe au moment qu'il se penche.

Contrarié d'abord, il s'avance d'un pas,
Se baisse au pied de l'arbre et, joyeux, le ramasse,
        Puis il y mord à pleines dents ;
Mais bien vite il la jette en faisant la grimace :
Elle était creuse et noire, avec un ver dedans !
« Mon enfant, dit le père, en voyant sa méprise,
Que ce fruit vermoulu t'avertisse et t'instruise :
C'est l'image d'un cœur où le mal, lentement,
A détruit toute vie et tout bon sentiment. »

IV. — LA CIGALE CHARITABLE

Gente cigale avait chanté
Dans les concerts tout un été ;
(Car on s'amuse chez les bêtes
Et l'on y donne aussi des fêtes).
De la sorte elle avait gagné
Et soigneusement épargné
De quoi vivre et passer à l'aise
Les jours de la saison mauvaise.
L'hiver vint, dur et rigoureux,
Faisant partout des malheureux ;
Et, pour comble, de grands orages
Avaient aux champs fait tels ravages
Qu'on voyait sur chaque chemin
Des affamés tendre la main.
Un jour, glacée, à demi morte,
Une fourmi frappe à sa porte.
« Je suis à jeun d'hier matin,
Dit-elle ; secours-moi, de grâce !
Mes greniers avec mon butin
Sont détruits ; le torrent y passe...
Je te le rendrai quelque jour,
Tu connais mon économie.

— Entre, mange comme une amie
Et prends ceci pour ton retour,
Répond à la solliciteuse
Notre charitable chanteuse;
Du reste, tu ne me dois rien.
Mais si parfois, vers ta demeure,
Tu vois un indigent qui pleure,
Un pauvre sans pain, sans soutien,
Pour me payer, fais-lui du bien! »
Heureuse, la fourmi sauvée
Par cette aumône à point trouvée,
Rebâtit bientôt sa maison,
Et, meilleure que sa cousine,
Reconnaissante par raison,
Elle aima toujours sa voisine,
Allant applaudir sa chanson
A l'époque de la moisson.

V. — LE DERVICHE ET LE RENARD

Un derviche rencontre un renard sur sa route
Et se met en devoir de lui faire un sermon.
« Convertis-toi, dit-il, sois vertueux et bon;
Ah! connais donc la joie ineffable qu'on goûte
A vivre saintement, dans la sobriété;
Refrène tes désirs; lutte, quoi qu'il t'en coûte,
Contre l'instinct du mal et de la cruauté.
Sache que le malheur vient châtier le crime,
Terrasser l'injustice et venger la victime. »
Comme il parlait, un coq s'envole d'un hangar :
« Abrège ton discours, interrompt le renard,
J'écouterai demain la fin de ce beau prêche.
Adieu, mon père, il se fait tard;

C'est l'heure du souper et j'ai la gorge sèche...
Rien ne guérit ma soif comme la viande fraîche. »
A ces mots, sur le coq il s'élance d'un trait,
L'étrangle et puis l'emporte au fond de la forêt.

VI. — LE LABOUREUR, LES MOINEAUX
ET LE MERLE

Un laboureur, voyant son champ de grain pillé :
« Ces moineaux, se dit-il, ravagent tout mon blé,
    Et si je veux en avoir quelque reste,
Il est temps de détruire au plus tôt cette peste. »
Il se met à l'affût ; la bande en ses filets
Vient se prendre un matin : les voleurs sont volés.
        Un merle, qui l'avait suivie,
Est surpris dans l'affaire ; il y laisse la vie.

En vain le malheureux implore sa pitié :
« Épargne-moi, dit-il, tu sais que je ne mange
Que des fruits et des vers ; je reviens de vendange
Et me suis égaré. — Tu seras châtié !
Lui répond le chasseur en rentrant à sa grange ;
Compagnon des pillards, surpris avec ces gueux,
C'en est fait de ton sort : tu mourras avec eux. »

VII. — LE CHÊNE

D'après Lessing.

Une nuit, l'ouragan furieux déracine
Un chêne qui portait sa tête jusqu'au ciel.
Le matin, un renard de la forêt voisine
Voit couché le géant qu'il croyait immortel
Et qui semblait le roi de la verte colline.
Plein de terreur, il le contemple en l'admirant :
« Quel arbre ! se dit-il. Qui l'aurait cru si grand ? »

Ce n'est qu'après leur mort, quand leur œuvre est finie,
Qu'on juge à leur valeur les hommes de génie.

VIII. — L'ANE DÉFIANT LE CHEVAL A LA COURSE

D'après Lessing.

L'âne à la course un jour provoqua le cheval.
Celui-ci, dédaigneux de son air triomphal,
Relève le défi par pure politesse.
Voilà maître baudet qui lutte de vitesse,
        Tandis que son noble rival
Le dépasse bientôt et le laisse en arrière,
        A mi-chemin de la carrière.
L'âne, s'en retournant, hué par maint moqueur :
« Ma défaite, dit-il, me cause peu de peine ;
        Si je n'ai pas été vainqueur,

C'est qu'au marché, l'autre semaine,
Juste dans mon pied le meilleur,
Je me suis enfoncé quelque épine très dure :
J'en sens encore la piqûre. »

IX. — LA FOUINE PRISE AU PIÈGE, LE PIGEONNEAU ET SA MÈRE

Une fouine, prise au collet,
Se débattait, criait, râlait
Et se tordait dans la souffrance,
Implorant des passants secours et délivrance ;
Hélas ! elle souffrait et gémissait en vain.
Un pigeonneau la vit et, volant vers sa mère :
« Triomphe, lui dit-il, notre ennemie enfin
Va mourir : la maudite est clouée à la terre !
Viens jouir avec moi de la trop juste fin
De cette bête meurtrière.
Nous sommes bien vengés de ce monstre cruel !
— Honte à toi, mon enfant, répondit la colombe ;
C'est lâche d'insulter un vaincu qui succombe,
Fût-il notre ennemi mortel. »

X. — L'AIGLE ET LE COQ

Un aigle, un jour, descendu de son aire,
Loin du soleil, des vents et du tonnerre,
Sur les arbres d'un parc volait pour s'amuser.
Un coq, en le voyant par instant s'y poser
Comme pour délasser son aile,
Lui dit ces mots en s'ébattant :
« Parbleu, j'en ferais bien autant !
Je ne sais vraiment pas pourquoi chacun t'appelle

Le souverain des airs et le roi des oiseaux :
        A peine es-tu le rival des moineaux. »
        L'aigle répond : « Les gens de ton espèce
Ne peuvent m'égaler qu'autant que je m'abaisse.
C'est pour me reposer que je viens près du sol ;
Mais essaye à présent de me suivre en mon vol. »
Et, prenant son essor, plein de force et d'audace,
Il monte vers l'azur et se perd dans l'espace.

XI. — DANS L'ORDURE

Ce chien prend son plaisir à fouiller dans l'ordure
Et ronge un os puant couvert de pourriture ;
A tous les coins de borne il s'arrête en passant,
Pour en flairer l'odeur tout en les salissant ;
Son museau dégoûtant remue avec délices
La fange du cloaque et les tas d'immondices.
A quoi bon s'indigner? Ses instincts sont si bas
Que bâton, verge ou fouet ne le changeront pas.

XII. — L'ÉPI VIDE ET L'ÉPI PLEIN

Un épi vaniteux dressant sa tête vide
        Se moquait d'un épi voisin
        Qui se penchait, humble, timide
        Et courbé sous le poids du grain.
Celui-ci répondit sans fiel et sans chagrin :
« Pauvre sot, si ta tige avait ma charge pleine,
Tu lèverais moins haut ta tête creuse et vaine. »

Dans un cerveau vide et léger
L'orgueil à l'aise peut loger.

XIII. — L'ANE ET LA JUMENT

« Lorsque j'ouvre la bouche en public, chacun rit ;
Tout le monde, d'ailleurs, sait que j'ai de l'esprit
Et que mon gros bon sens de finesse s'aiguise. »
Ainsi maître baudet parlait fort gravement
     A sa voisine la jument.
Celle-ci par ces mots corrigea sa méprise :
« La cause de cela n'est pas ce que tu crois ;
Ce qui nous fait tous rire en entendant ta voix,
Ce n'est pas ton esprit, c'est ta grande sottise. »

XIV. — LA POTION

A mon cher éditeur Paul Dupont.

« Pour te guérir, bois ce bol plein !
Disait à son fils une mère.
— Non, lui répond l'enfant malin,
Cette liqueur est trop amère :
J'en ai goûté, je n'en veux plus ! »
Voyant tous ses mots superflus,
    La mère prend dans une case
Un miel doré dont elle enduit les bords du vase.
« Bois maintenant, dit-elle alors : ce miel si doux
    Calmera la méchante fièvre
    Et bientôt guérira ta toux. »
Notre bambin séduit y porte enfin la lèvre,
    Et cette fois, sans hésitation,
Il avale d'un trait toute la potion.

*   Cette leçon est assez claire :*
*   Il faut la douceur pour nous plaire ;*
*   La fable est le miel enchanté*
Qui nous fait prendre goût à l'âpre vérité.

XV. — LE REMÈDE DU CHARLATAN

Un charlatan vendait un remède en bouteilles
Par la forme et la taille exactement pareilles.
　　　Il en avait pour tous les maux
Des hommes, et pour ceux mêmes des animaux :
Goutte et gravelle, humeur et bile, fièvre et rage,
Migraine, mal caduc, jaunisse et choléra,
Lèpre, scrofule, spleen, catarrhe, et cœtera.
« Voulez-vous, disait-il en vantant son breuvage,
Être guéris! Prenez ma fiole d'élixir.
Après en avoir bu, vous connaîtrez plaisir,
Force, joie et santé, jusque dans la vieillesse.
Qui veut, qui veut encor du philtre de jeunesse? »
Un docteur qui survient s'en procure un flacon
Et puis, le débouchant devant notre gascon :
« Il faut toujours, dit-il, savoir ce qu'on achète. »
Il goûte à l'élixir et vivement le jette :
La fameuse liqueur n'était rien que de l'eau!
Vous devinez d'ici le reste du tableau :
Les acheteurs bientôt eurent fait place nette.

Maint changeant politique, ainsi qu'un charlatan
Sans tenir davantage, en promet tout autant.

XVI. — LA MAISON MAUDITE

Mon frère, c'est ici la maudite maison
Où, sinistre damné roulant dans l'infamie,
L'homme perd sa santé, sa force et sa raison.
Vois : le spectre hideux de la sombre Folie
Le guette avec la Mort au seuil qui le convie!
Au fond de cet enfer s'éteint et disparaît
Tout ce qui fut beauté, lumière, esprit et vie :
Cet antre de malheur s'appelle cabaret.

XVII. — LA VÉRITÉ ET LES HIBOUX

Un jour la Vérité, morfondue en son puits,
Disait en soupirant, lasse d'être dans l'ombre :
« Que je suis malheureuse en ce lieu triste et sombre,
Où depuis si longtemps je souffre et je languis !
Qui me délivrera de la nuit meurtrière ?
Qui me rendra le ciel et sa douce lumière ?
Pourtant ceux qui m'ont vue, à la pure clarté
D'une divine étoile, adorent ma beauté. »
Mais au mot de lumière, et pour couvrir sa plainte,
Les hiboux irrités, quittant alors leur trou,
Volèrent vers le puits en criant : « Hou ! hou ! hou !
Qu'elle reste à jamais captive en son enceinte !
Elle est nue, elle est froide et laide à faire peur :
Malheur à qui répond à son appel trompeur ! »
Et depuis ce jour-là la bande aux cris funèbres
Insulte le soleil qui perce les ténèbres.

XVIII. — L'ARBUSTE ET L'ARBRE DU PARC

Un arbuste en plein air croissait au grand soleil,
Enfonçant sa racine en la terre natale.
Un des arbres du parc lui donna ce conseil :
« Ami, quitte ton champ; redoute la rafale
Qui peut courber ta tige et briser tes rameaux;
Viens, loin de la poussière et des rudes orages,
Habiter avec nous à l'abri des ombrages,
Et grandir dans la paix, auprès de nos ormeaux. »
L'arbuste répondit : « La cruelle tempête
A blessé bien des fois déjà ma faible tête;
Mais sous les coups du vent je suis devenu fort,
Et la bise d'hiver qui me fouette et me tord
Laisse mon tronc vivace et mon écorce saine :
Je préfère à ton parc le grand air de la plaine. »
Et l'arbuste devint le chêne au cœur de fer
Qui brave l'aquilon et ne craint que l'éclair.

XIX. — LE BALLON TRICOLORE

Dans l'air monte un ballon aux changeantes couleurs.
Les uns disent : « Il est tout blanc, sans aucune ombre! »
Et les autres, en moins grand nombre,
Disent : « Non, il est rouge! » On voit les querelleurs
En venir aux gros mots, à l'insulte, à l'injure;
Peu s'en faut, pour finir, qu'ils n'en viennent aux mains,
Et chacun prend parti, jusqu'aux moindres gamins,
Disputant et criant sans répit ni mesure.
Quelques sages ont dit : « Ce ballon est trop loin;
On ne peut distinguer sa couleur véritable;
Le doute, dans ce cas, est le plus raisonnable.
De nous prononcer pour ou contre, nul besoin. »

Alors rouges et blancs, dispersant leur colère,
Attaquent ces derniers, qui n'ont pas su leur plaire,
Leur jettent sans compter les plus sanglants affronts,
Les traitant à l'envi de fourbes, de poltrons.
Mais survient un éclair, brillant comme une aurore ;
Le ballon, rayonnant dans la pleine clarté,
Montre à tous son azur, sa gloire et sa beauté ;
Et tous firent la paix : il était tricolore.

XX. — LE SCORPION ET LA TORTUE

Un scorpion fuyait, poursuivi d'un enfant.
Après plus d'une ruse et maint détour savant,
Il arrive à la fin au bord d'une rivière.
Tout tremblant, il se croit à son heure dernière.
« Je suis perdu ! dit-il, je ne sais pas nager,
Et ne puis, cette fois, échapper au danger. »
Le malheureux déjà tirait son arme nue
Afin de s'en tuer, quand passe une tortue
Qui lui dit : « Ne crains rien ; monte-moi sur le dos,
Et, sur l'onde glissant ainsi que les bateaux,
Tu pourras, dès ce soir, en un sûr domicile
Aborder avec moi pour y dormir tranquille. »
Ainsi dit, ainsi fait, et le proscrit sauvé
Vogue paisiblement vers l'asile rêvé.
Or, pendant le trajet, la tortue étonnée
Entend des coups aigus frappant son bouclier.
Elle s'arrête alors à ce bruit singulier,
Pour en savoir la cause, à demi devinée :
« Que fais-tu donc là-haut? dit-elle au scorpion ;
Je voudrais bien savoir quel objet t'embarrasse. »
L'autre répond : « J'aiguise ici mon aiguillon
Et je veux voir s'il peut percer ta carapace ;
Mais mon dard est vraiment moins fort que ta cuirasse.

Cependant je n'ai pas dessein de te blesser :
Accuse l'instinct seul qui me fait redresser
Ce poignard en frappant les corps à ma portée. »
— Misérable! reprend la tortue irritée,
O traître scélérat! n'as-tu pas de remord,
Quand ma pitié te sauve et te donne la vie,
De chercher lâchement à me donner la mort?
Ta cruelle fureur m'attaque et me défie;
En sauvant un méchant je vois trop que j'ai tort;
Ingrat, épargne aux bons ta haine et tes sévices :
Je leur aurai rendu le plus grand des services. »
Ce disant, elle plonge en noyant sans appel
La bête malfaisante et son venin mortel.

FIN

TABLE DES MATIÈRES

Livre quatrième.

Livre cinquième.

Livre sixième.

DEUXIÈME PARTIE. — LE LONG DU CHEMIN

Livre premier.

Livre deuxième.

Livre troisième.

Typographie Firmin-Didot et Cie. — Mesnil (Eure).

9 782329 788692